秦史原来很好看

NP

中国历史超好看

秦史
原来很好看

袁恒毅◎主编　周立禛◎编著

中国华侨出版社
北京

图书在版编目（CIP）数据

秦史原来很好看 / 周立禛编著. —北京：中国华侨出版社，2020.7（2021.9重印）

（中国历史超好看 / 袁恒毅主编；2）

ISBN 978-7-5113-8219-1

Ⅰ.①秦… Ⅱ.①周… Ⅲ.①中国历史－秦代－通俗读物 Ⅳ.①K233.09

中国版本图书馆CIP数据核字（2020）第100287号

秦史原来很好看

主　　编：袁恒毅
编　　著：周立禛
责任编辑：黄　威
封面设计：阳春白雪
文字编辑：张亚明
美术编辑：宇　枫
经　　销：新华书店
开　　本：645毫米×920毫米　1/16　印张：10　字数：105千字
印　　刷：唐山楠萍印务有限公司
版　　次：2020年7月第1版　2021年9月第3次印刷
书　　号：ISBN 978-7-5113-8219-1
定　　价：228.00元（全8册）

中国华侨出版社　北京市朝阳区西坝河东里77号楼底商5号　　邮编：100028
发行部：（010）88866779　　　　　传　真：（010）88877396
如发现印装质量问题，影响阅读，请与印刷厂联系调换。

前 言

历史是一面鉴古知今的镜子,也是提供知识给养的文化食粮。尤其是对广大青少年而言,读史不仅是积累知识的有效方法,也是提升语文写作能力的重要途径,更是积淀良好文化素养的成功之道。作为优秀的历史读物,《中国历史超好看》将为青少年开启新的阅读视野……秦朝,是我们此时阅读之旅的第二站。

秦朝是中国历史上第一个真正意义上统一集权的帝国。传说中,秦人先祖由舜帝赐姓为"嬴"。夏朝末年,费昌去夏归商,败桀于鸣条,其后嬴姓世代为殷商辅臣。商朝末年,周武王伐纣,商军败,嬴氏一族也因此衰弱。到了周穆王时期,造父子孙为周王牧马有功,受封于"秦"。其后秦襄公匡扶周室有功,终于被封为诸侯。

至此为止,秦国图霸天下的大业才正式展开。历经了春秋战国诸侯之间的腥风血雨,中国广袤的大地上即将迎来一个新帝国的诞生,那便是秦朝。公元前221年,秦帝国正式向历史宣告了它的成立。

在这里,我们可以看到春秋战国各诸侯国之间的较量,也可以看到整个华夏民族的生活群像。在这段跌宕起伏的历史中,无论是骨肉相残之痛,还是权宦迭起之恨,抑或是流寇殃民之伤,都让人心潮澎湃,以致有投身其中的欲望和冲动。在这里,我们可以看到君主间的心术权谋,说客间的连珠妙语,武将间的斗智斗勇。

秦帝国的出现,开始把古代中国广袤土地上的各种不同文化统一起来,为持续了两千多年的中国封建文明提供了一个模本。在政治方面,为了保证至高无上的皇权,秦始皇将经济、行政、军事等一切权力都收归己有，在中央推行集权制，在地方推行郡县制；在社会经济方面，统一度量衡，统一货币，修驰道，使车同轨，在地方上施行土地私有制；在文化方面，将小篆作为标准文字，严禁私学，以吏为师，施行了严酷的思想统治。

因为秦始皇的急政和暴政，秦国的帝业在不久之后就迎来了终结。陈胜、吴广在大泽乡的起义结束了一个充满争议的朝代，同时也开启了一段更加辉煌的历史征程。

本书以正史为蓝本，注重还原真实历史，为青少年梳理构建完整的历史脉络和框架。全书语言通俗易懂、生动有趣，故事精彩纷呈、博人眼球，让青少年花最少的时间轻松读历史，从而培养他们对历史的浓厚兴趣。通过精彩的人物事迹和历史故事，也能提升青少年的历史知识，开阔他们的视野，奠定他们受用一生的历史文化基石。

此刻，让我们一同走进大秦的过往，一起去透过历史迷雾，还原历史真相吧！

目 录

第一卷 大国崛起——从奴隶到贵族的艰难成长

第一章 秦祖西出：耻辱柱下的拼斗 ………………………… 2
- 背景雄厚的嬴姓 ……………………………………………… 2
- 到大西北去 …………………………………………………… 6
- 我与西戎有个约会 …………………………………………… 10

第二章 小户起步：摸着石头也要过河 …………………… 14
- 秦襄公的机会 ………………………………………………… 14
- 继祖之业再奋斗 ……………………………………………… 17

第三章 春秋争霸：秦穆公的伟大事业 …………………… 21
- 穆公的霸业 …………………………………………………… 21
- 秦晋分道扬镳 ………………………………………………… 24
- 秦穆公是霸者 ………………………………………………… 28

第四章 商鞅变法：一个国家最好的机会 ………………… 31
- 秦国走上了下坡路 …………………………………………… 31
- 要想富，改革是条路 ………………………………………… 34

千古一王 …………………………………………… 38
　　变法就是图强 ……………………………………… 42

第二卷　合纵连横——群雄并起中的国运较量

第一章　合纵连横：玩转四方得渔利 …………… 46
　　惠文王要当励志帝 ………………………………… 46
　　合纵连横 …………………………………………… 50
　　河西是老秦家的 …………………………………… 53
　　一张嘴说动一个国 ………………………………… 57
　　公孙衍的合纵 ……………………………………… 60
　　当魏相是个阴谋 …………………………………… 63

第二章　诸侯暗战：风雨交加的嗜血年代 ……… 66
　　合纵再起 …………………………………………… 66
　　团结才有力量 ……………………………………… 70
　　武王的彪悍人生 …………………………………… 73

第三章　计谋楚赵：我要你们的地盘 …………… 77
　　楚国首都陷落记 …………………………………… 77
　　报仇的精神力量 …………………………………… 79
　　长平成了屠宰场 …………………………………… 82

第三卷　帝国时代——铁血烽烟终成江山梦

第一章　嬴政出世：青年人的铁腕之治 ………… 86

这个女人不简单 …………………………………… 86
秦王政权力在手 …………………………………… 88
小肚量害死人 ……………………………………… 92

第二章　天下一统：再创一个完美世界 …………… 97

准备各个击破 ……………………………………… 97
小韩扛不住了 ……………………………………… 101
老赵这个亲戚算完了 ……………………………… 104
魏国无力回天了 …………………………………… 108
再见吧楚国 ………………………………………… 112
躲到辽东也要打 …………………………………… 116
最后一仗没有放过你 ……………………………… 119
终于统一了 ………………………………………… 121
赵高的计谋 ………………………………………… 125

第三章　大秦覆灭：鼓角争鸣葬旧人 ……………… 129

大泽乡起义 ………………………………………… 129
项梁挑起革命重担 ………………………………… 133
斩白蛇起义 ………………………………………… 137
牧羊人的春秋梦 …………………………………… 140
章邯跳槽 …………………………………………… 144
最后的清场 ………………………………………… 148

第一卷
大国崛起——从奴隶到贵族的艰难成长

第一章

秦祖西出：耻辱柱下的拼斗

背景雄厚的嬴姓

中国历史的第一个世袭王朝起于夏。夏朝的第一位天子为禹，即今人熟知的大禹，大禹因治水而使夏部落兴起，受舜禅让继帝位，成为华夏众部落的首领。大禹时期，禅让制依然存在，故大禹在临逝前，并不想将帝位传与其子启，而欲传另一个叫作皋陶的人，可惜皋陶还没来得及接受大禹的禅让，就先大禹而去。大禹悲痛之余，见皋陶之子伯益亦品德出众，远近闻名，便起了让伯益接续帝位的念头，遂派人请伯益出山。

伯益为了以示谦虚，躲入了乡野，以拒大禹的好意，但根据后来发生的事件可以看出，伯益此举不过是表面功夫而已。而此时大禹的儿子启并不满意父亲的安排，按照后世的嫡长子继承制，启本是王朝的最佳继承人，可是当时尧舜禅让的举动令百姓皆将禅让制视为正统。但启非常不甘心，夏后氏辛苦得来的江山哪能随意让给别人。因此，他趁着伯益躲起来的时候，于大禹病危之际直接将王位接了过来，开启了古代中国"家天下"的传统。

面对启承大禹统治天下的局面，伯益却另有打算。伯益为皋陶的长子。皋陶者，又名大业。传说颛顼高阳氏的女儿名为女修，女修有一天吞下了一颗玄鸟蛋，于是生下了皋陶。皋陶与尧、舜、禹三人合称"上古四圣"，由此足见皋陶在当时的地位。皋陶辅佐了尧、舜、禹三代,到了舜时,当了舜的士师,就是司法长官。舜让皋陶当大法官时,曾对他说:"皋陶,蛮夷猾夏,寇贼奸宄,汝作士,五刑有服,五服三就,五流有宅,五宅三居,惟明克允!"意思大致就是让皋陶严明执法,当一个公正无私的大法官。而皋陶也不负舜的期望,公正执法,成了中国神话中第一个公正的法官。其任职期间创刑、造狱,倡导明刑弼教以化万民,为四千多年来我国各个时期制定、完善、充实各项法律制度奠定了坚实的基础,故在历史上被人们喻为"圣臣"。

关于皋陶,还有那只出了名的独角异兽獬豸,也就是一只独角羊。据说这是皋陶所养,在皋陶断案时能帮其辨认真伪。因其与法的不解渊源,獬豸成了中国法律的象征。东周时,楚文王就用獬豸的皮毛做了一顶帽子,其名曰"獬冠"。官员们一一效仿,后至秦汉遂成了一个风尚,至于后世执法长官的官服上印有獬豸,那更是常有的事了。獬豸成为法的象征与皋陶有关,也足见皋陶对中国法律文化的影响。有趣的是,为了突出这种贡献,皋陶还被后人描绘成了拥有青绿色皮肤、嘴唇似鸟喙的人,因为这谓之至诚的样貌。

后来禹治水时,皋陶利用法律的手段使大禹的治水过程更加顺畅,在治水的功劳里也有他一份。

皋陶因在律法方面有出色的表现,后又帮助夏禹治水,所以声名在外,因此后面才有禅让皋陶的事件。只是得民心的皋陶得不到天意,他还没接受禅让就死了。皋陶有三个儿子,伯益就是他和少典氏族人女华的长子。

伯益,亦作伯翳、柏翳、柏益、伯鹥,又名大费,禹时的大臣,在大禹治水的浩大工程中作出了巨大的贡献。除此之外,伯益还在大禹继位后,辅佐大禹开垦荒地,教育民众在地势低洼之地种植水稻,还发明了凿井技术。而在政治方面,伯益建议大禹以恩威并举的策略对待当时叛乱的三苗族,大禹接受了他的提议,放弃武力征伐的策略,实行文教德治,终使三苗归顺。另外,据说伯益在其跟随大禹治水时,关注治水队伍所经过的山川水道,以及遇到的珍花异草、奇灵怪兽、异俗趣事，无一不仔细记录下来，成了后来《山海经》的素材。此外，伯益还有一项能力，这项能力虽说不起眼，却成了其后人崛起的机会，那就是畜牧。

伯益有这等功劳，无怪大禹要对舜说："非予能成，亦大费为辅。"（《史记·秦本纪》）到了皋陶去世时，大禹为其父皋陶的贡献，也算是给伯益一个奖赏，因此给皋陶的每个儿子都封了姓，次子仲甄封于六（今安徽六安），以偃为姓。皋陶长子就是伯益，大禹令伯益继承了少昊的嬴姓，当了东夷（大概在今山东日照地区）部落联盟的首领。

伯益就是嬴姓人的第一个祖先。不过，嬴姓并非始于伯益。伯益授嬴姓是"继承"，也就是说，嬴姓最早并不是始于伯益，其最早可追溯到五帝时的少昊帝。少昊是东夷部落联盟的首领，因其即位之日，有五凤从东方飞来，集合到了少昊帝的宫廷上，故其以凤鸟为族神，崇拜凤鸟图腾。后少昊去世，黄帝集团的颛顼替代了少昊在东夷部落的首领权。颛顼就是伯益的先祖。因此，嬴姓最早可追溯到少昊。但若要从血缘角度来说，嬴姓则应归于皋陶一族，只是皋陶之子封姓之后，"偃"姓和"嬴"姓作为凤鸟部族的两大系统分散开来，所以秦后人都以嬴姓伯益为祖。后来，在历史的演化中，嬴姓部族逐渐分化出十四个氏族，分别为廉、徐、江、秦、赵、黄、梁、马、葛、谷、缪、钟、费、瞿，这也就是历史上所称的"嬴姓十四氏"，而秦国秦人是属于赵氏和秦氏这两支，当然，这是后话。

伯益作为颛顼和皋陶的后代，其母亲属于少典氏，"黄帝者，少典之子"（《史记·五帝本纪》），可见少典氏在当时也算是望族。其祖母女修属于高阳氏，高阳氏是黄帝之孙，和少典氏有得一拼。由此看来，秦人祖先的背景是雄厚的。而皋陶作为伯益之父，其以法律为名显于中国文明的历史，若以瑞士心理学家荣格的集体无意识看来，这还真有点意思，毕竟秦国以法治国，以法强国，就是到了秦帝国统一天下时，嬴政也不差苛政重法，这多少有点遗传自祖先吧。当然，这只是趣说，法律本是治国根本，无所谓归于何人何族，只是我们从中多少看到了秦人的刚毅。皋陶作为法律的代言人，却也从未放弃过对于道德的追崇，对此儒家经典中有语：舜有天下，选于众，举皋陶，不仁者远矣（《论语·滕文公上》）。而关于这一点，秦人却继承得少了，也由此成了秦帝国永久的痛。

这就是秦人那背景雄厚的祖先，当然，秦人祖先一直都不是以身份显名于历史，最主要的，还是他们那过人的能力。皋陶和伯益对中华文明的贡献只怕不在禹之下。不过，背景雄厚易受人妒忌。当时，为了争夺大禹继承人的位子，伯益所率领的东夷部落联盟还曾因此与夏启进行了一场恶斗。

按当时的禅让制，伯益继位是理所当然的，这从当时的一个事件上也可看出。当时，启继承了禹的位置，遂在钧台（今河南禹县南）大会各地部落联盟首领。可是启的继位受人质疑。一个名为有扈氏的部族，就因启破坏了禅让制的传统，而拒绝出席钧台之会。启是个有能力的人，他敢继承禹的位置，自然料到会遭到反对。所以对于这一点，他毫不迟疑地亮出了他的兵器，因此"启伐之，大战于甘"（《史记·夏本纪》）。战争的结果是有扈氏大败，族众从此沦为牧奴。

夏启借这场战争向天下人表明：天下归启，禅让制已经成为历史。这种行径传到了伯益的耳里，伯益就继位问题向启递交了挑战书。因此，夏启集结了军队，往东夷之地进发，以应战伯益。

关于战争的经过，因夏朝历史过于久远而没有记载，其结果却是明确的。夏启与伯益率领的东夷部落联盟的战争，终以伯益的失败告终。

伯益在这场争夺继承人的战争中失败了，其人被杀，其族人将其葬于天台山上。这次夷夏之争的规模非常大，所造成的损失也异常惨烈。东夷地区在此前延续了几千年的文明，在华夏部族的大肆摧毁下几近灭亡。1934年，考古学家于山东日照市境内挖掘出的尧王城遗址，便是当时巨大破坏的证据。

不管东夷部族败得如何，嬴人仍在火中重生，如其图腾的凤鸟，以涅槃的气势席卷而来，终有一天在古代中国的另一头——西方翱翔而起，并在中国大地上响起了震撼的鸣声。

到大西北去

伯益在华夏众部落领导权的争夺上输给了夏启，丢掉了性命，整个东夷部落的文明也因此被夏启的王师烧毁殆尽。现代的考古表明，伯益此次的失利使日照地区陷入了一个长时间的荒凉局面，而这种衰败的局面直到几百年后的夏朝末期才有所起色。

嬴姓族人将伯益的尸体安葬在天台山后，望着呛鼻的黑烟如帷幕一般轻轻飘起，满天冲撞的灰屑在偌大的空间里寻找着躺卧的栖息地。整个大地除了黑色的帷幕和那偶尔翻白的飘舞着的灰烬，只剩夏人胜利后的嚣张音浪，还有那嬴人大痛过后的无力抽泣。

嬴人的家没了，但是嬴人还在。在家族灭亡之后，嬴人很快调整了情绪，要生存下去就不能对天屈服，嬴人给自己这样一个生存信条，迫使着他们再去重建天地。

这种根植于人类基因的生存动力使得嬴人在华夏大地上努力地另辟生存之地。或许在另寻住所的时候，嬴姓部族之间存在着相左的意见。这种民族迁移的历程本就无法追根溯源，后人只能在现有的遗留文献和后世考古中发现一些蛛丝马迹，从中可以得知，在嬴姓部族失利后，其中一支仍然留在了现山东地区，而另一支则渡过淮河往南发展，还有一支则选择西行，这支西行的嬴姓族人就形成了后来的秦人。《史记》里就这事也有说起，说伯益其"子孙或在中国，或在夷狄"，夷狄也就是古代中国西北方少数民族的统称。后来秦人在西北建立政权时仍不忘故土，凡有墓葬，头均朝向东方，另者，对故土的认可或许也成了后来秦皇东巡的动因之一。

从山东日照地区迁移到西北地区，大概算起来从今天山东省到甘肃省，这之间的路程大概一千五百公里，这岂是几十匹马所能承受的？我们已经无法重现当时迁移的场景，但从迁移的里程，加之当时的环境来看,秦人这次西迁一定经历了不少艰难险阻。当然,这种长距离的迁移自然不是一蹴而就的,秦人在这次迁移中难免停停走走,经历几世几代。但可以确定的是,他们几乎不可能在迁移中定居。因此,秦人在长时间的漂泊中,发展起来的自然不会是定居生活的农业文明,而是一种四处游荡的游牧文明,从这点看,秦人的迁移对其后的崛起还真有点贡献,因为畜牧在其后将成为秦人发展的一个机遇。

在秦人西迁的同时,如流水般的时间带走了夏启,带走了昔时众部落首领对夏启攻伐伯益的不满和赞叹,也带走了由大禹带来的整个王朝。在纪年得以清晰的时候,约公元前1600年,商部落在其子孙汤的时代得到了发展,商由此代替了夏,成了中国文明的第二个世袭王朝。

在《史记》里有说,伯益有一个玄孙名费昌,继承了伯益所领的部落联盟首领。在费昌即位之时,夏王朝走到了它的尽头。此时的夏正处于最后一个君主夏桀当政之时。夏桀是中国历史上出了名的暴君,在他当政时,可谓昏君佞臣当道,广大民众处于水深火热之中,他们对天痛斥:"时日曷丧,予及女偕亡!"(《史记·殷本纪》)意思就是说:太阳什么时候才能灭亡啊?我愿意和你同归于尽!在当时的社会,群众的愤怒无法得到合理的宣泄,而起义的概念还没有形成,因此面对这种腐败的政治,群众只能盼望一个有能力的领导者来解救他们。

夏王朝的政治混乱逼走了众多清廉的部属,费昌就是其中之一。费昌看着自暴自弃的夏王朝,明白它已经走到了尽头。而就在这个时候,华夏大地上的另一个部落——商部落已经发展壮大了,在这种情况下,费昌只得叛离夏朝,归顺了商。商在汤的领导下在鸣条大战夏桀,鸣条一役终使得夏王朝就此消失于中国的大地上。

关于鸣条之战,《史记》里有写:"费昌'为汤御,以败桀于鸣条'。"有人说这里的"为汤御"可能指在这场战争中,费昌当了先锋,大败夏桀。只是费昌没这个本事,"为汤御"更有可能指费昌在这场战争中充任商汤的司机。不管是先锋还是司机，费昌在灭夏行动中一定出了不小力气，因此费昌的子孙也随着他的职位，世代当了商王的专用司机，而嬴姓的这个分支在殷商也因此"遂世有功，以佐殷国，故嬴姓多显，遂为诸侯"（《史记·秦本纪》）。后到了中潏这个人时，商王令其保卫西垂之地。至于秦人和西垂的关系，由于时代久远，更兼可参考的文献之少，遂成了秦史研究的一个瓶颈。

后来时间又带走了"鸣条之战"遗留的灰烬，带走了费昌辅佐商汤的功绩，商朝在经过十几代君王的经营后，到了商纣即位的时候了。这商纣同夏桀是一样人物，凭着几点功劳竟自大了起来，内宫里酒池肉林，政治上宠信佞臣。纣王旁边的第一佞臣费仲就是断送商王朝的大罪人之一，除了他之外，还有一个叫作恶来的大臣，同费仲一样背骂名。《墨子》里面就直接指出了："殷纣染于崇侯、恶来。"

本来商朝灭亡和秦人关系不大，但有了这个恶来，结果就不一样。

"中潏生蜚廉，蜚廉生恶来"（《史记·秦本纪》），恶来就是中潏的孙子，也就是伯益、费昌的后人，想秦人在此前都有英名，如何到了恶来这一辈，竟成了后人谴责的佞臣？

恶来的父亲叫蜚廉，也作飞廉。这个飞廉可能来自上古神话中风伯的名字，东汉著名文学家王逸在《楚辞章句》中有注释道："飞廉，风伯也。"而风的一个特征就是来无影去无踪，这也便是飞廉的能力。《史记》里说"飞廉善走"，这个善走普遍理解为跑得快，也就是说飞廉是个飞毛腿。其实，"善走"或可理解为骑术高超，之前就曾强调过秦人的畜牧能力，伯益与动物之间的沟通能力那是受了大禹的赞赏的，这样看来，飞廉驾驭一匹马应该也是驾轻就熟之事。当然，不管这个"善走"是指双脚还是马，这并不妨碍飞廉有能力使得自己在地球表面之间的移动迅速快捷，因了这个能力，飞廉于是当上了纣王的通信员，为纣王传报一些紧急消息。

再看这个恶来。说到恶来就必须说到另一个人，这个人生在东汉末年，就是曹操身边那个大名鼎鼎的大将典韦。熟悉典韦的人都知道他有一个外号,这可是曹操对他很高的一个评价,叫作"古之恶来"。将典韦比成恶来,唯才是举的曹操当然没在乎典韦的为人,他这一个称赞,无非是为了让别人知道他这个大将典韦是个力大无穷的猛士。《史记》里说"恶来有力",是个出了名的大力士。因为这个能力,恶来也就当了商纣王的保镖。

这样看来,飞廉和恶来也算是两个有能力的人,令人遗憾的是,二人是空有一身武力,却没有头脑。因此两个人都死死地跟着商纣王作乱朝纲,难怪父子俩凑合到一起,落下了千古骂名。

公元前1046年,殷商在纣王这里也走到了尽头,如同当年商汤对桀一样,以姬发为代表的周族人领导的诸侯联军开到了牧野。在牧野一战中,纣王终因人心向背而惨败,商王朝自此随夏王朝一样埋进了历史的尘埃,天下再次易主,周王朝开始在历史上谱写下它的辉煌与衰败。

历史的循环并没有带来氏族的类似命运,与先祖费昌不同,飞廉和恶来终因其"助纣为虐"的恶名而难逃一死。恶来随同纣王死在了"牧野之战"里,而关于飞廉,另有一段有趣的故事。记载说在牧野之战前,飞廉作为商朝的使者出使北方,等到飞廉回朝后,纣王已经同商朝一起被姬发赶下了历史的舞台,这下飞廉可找不到人禀报他的出使情况了。最后飞廉只得来到霍太山,在那边筑起了祭坛,向远在云里的纣王作了报告。在这次祭奠中,飞廉发现了一副石棺,石棺上刻着几行字:"帝令处父不与殷乱,赐尔石棺以华氏。"(《史记·秦本纪》)这句话是说,上帝因飞廉没有参与殷商之乱,特赐他一副石棺来光耀他的后代。

石棺之说当然是神话,可以因此演绎开来的情节也必然多种多样。但无论事实如何,这个故事中都可以说明飞廉作为纣王的大臣,对主公的尽忠还是很到位的。有谓"受人托力尽其能,为人谋力尽其忠",飞廉的错误或许只是选择错了君王。

秦人先祖在纣王这一世走得不那么顺当。后来,随着周王朝在中国开始了它的历史，秦人也随时寻找着露脸的机会。

我与西戎有个约会

从秦非子得到秦地以后，到五代之后的秦襄公之时，在这一百多年的时间里，秦人在秦地勤勤恳恳地致力于农牧生产，力争使秦地富饶。然而秦亭地处华夏边缘，资源有限，生产力自然不高，因此非子前几代人的经营可谓惨淡。当然，这都是小事，最令秦人感到困扰的还是与秦相邻的西戎民族。

西戎，亦即犬戎，也叫作猃狁，是周朝时华夏人对于西方少数民族的统称。当时周人自称华夏，因此便把华夏四方的民族分别称为东夷、西戎、南蛮、北狄。这在当时当然算是一种蔑称，毕竟华夏自认为四方之王，又较之其他相对野蛮的民族提前进入了文明时代，因此有这种君临天下的优越感也是必然的。华夏民族所以排斥这些"野蛮人"，在部分程度上也是出于这些民族自身的不安分，因为他们对于周王室的权威认可始终处于徘徊的地步，因此在周朝统治时，这四个方向始终都是周朝政权的外患，如之前说到的东夷徐国叛乱。

西戎的危险度相较于东夷来说是有过之而无不及，《说文解字》里有："戎，兵也。"兵即是武器，《风俗通义》里有更明显的说法："戎者，凶也。"可见戎这个概念对于古人来说代表凶残的意思，就是到了唐朝时，大臣柳浑还曾对唐德宗说："戎狄，豺狼也，非盟誓可结。"这种不良印象是经由多年的沉积而形成的牢固经验，事实也是如此，西戎族自黄帝时便成了炎黄族的劲敌，时刻与地处中央的炎黄一族针锋相对。后来周朝新立，西戎为避其锋芒也只好暂时休息。再到了周穆王时，与西戎相安共处的局面已经难以为继，有谓"戎狄不贡"。为解决这个问题，周穆王亲征西戎，结果大胜。西戎一族的性子就如同他们崇拜的图腾——狼犬一般，因此他们虽然战胜，但并没有乖乖地臣服。在周穆王之后，西周在逐日见衰，最后在周幽王时遂闹成了西戎之乱。

西戎如此活跃，西周王朝的西边自然经常受到其不请自来的侵扰，因此在这种情况下，周朝的众附庸国，谁处于周朝的西边，谁就倒霉。很不幸的，非子的秦亭就属于这个倒霉的行列。没办法，自秦人先祖中潏受命防守西垂以来，秦人和西戎的交流就未曾断过。其实当初周孝王封非子秦地，也是有着这样的政治考虑，即秦人长期混杂于西戎民族，与西戎较有来往，令秦人镇守秦地，一来可以防守西戎，二来也或许可以因秦人与西戎之间的亲密关系而令西戎降服。只是周孝王这个计划想得太远了，因为西戎根本不买秦人的账，因此秦人对于在旁狼视的西戎，还是得做好万全准备。

到了公元前878年，周厉王取代了周夷王的位子，开始了他的统治历史。周厉王是个残暴昏庸之王，受到了群众的批判，非但不悔改，还用恐吓的方式来堵住了群众的口舌。这样的君王自然得不到民心，因此他的治理引起了众多诸侯的反叛。西戎看着中原大乱，也因此趁这个时机开始了又一次它的反对王权之路。

西戎乘着西周内乱之时袭击处于犬丘的大骆族人，大骆族人防不胜防，也无力抵抗，遂在西戎入侵之际灭亡。这是大骆的大儿子成的一支，幸好小儿子非子一支还在秦亭诚恳经营，族分两家，才避免了灭族的大祸，不然，后面的秦帝国不知从而说起。

这时非子一支已经经过秦侯、秦公伯而传到了秦仲这一代。当时周宣王替下了无道的周厉王，上位之际便开始了他仿效先祖东征西讨的道路。在对付西戎的战线上，周宣王选择了秦公伯的儿子秦仲，任命其为大夫，令其进攻西戎。

得到任命的秦仲就如同昔日得到养马任务的非子一样大喜，当年非子因养马而得地，因此秦仲明白这是一个千载难逢的好机会，要使秦跻身大诸侯国的行列，就必须先走好这一步。于是秦仲于周宣王五年（公元前823年）带领着周朝兵马往西戎进发。

可惜秦仲有振兴家族保卫祖国的心，却少了那份力，就在一次和西戎的厮杀中，秦仲不幸战败，身为将领的他也因此被西戎所杀。秦仲虽死，但其死在战场的消息也振奋了他的后代，令其后代纷纷拿起武器，英勇地杀上战场，为祖报仇。

秦仲有五个儿子，长子名其。周宣王六年（公元前822年），秦仲死于战场，其继任其位，接过了领导秦人的权力，是为秦庄公。秦庄公继位的首要任务当然是困扰已久的西戎问题，不说西戎对秦人先祖的伤害已经到了不可原谅的地步，就是以国为重，也要遵循周宣王施威于四方的用武命令，所以秦庄公继位不久后也开始了他的征讨西戎之路。

秦仲的后人同仇敌忾，在秦庄公准备出发之时，他的四个兄弟纷纷站出来支持他。就这样，五个兄弟带领着七千兵马，满溢出一股为家复仇的气概，这次他们誓要西戎败亡，像当初西戎灭掉大骆族人以及杀死秦仲一样。

秦庄公大军来到西戎所在地，一阵厮杀过后，西戎的野蛮也战胜不了秦人此时的愤怒，因此西戎战士纷纷落败，一个接着一个逃亡。秦庄公在对抗西戎上取得巨大的胜利，非但为秦人争回了颜面，也为周宣王的历史功绩贡献了一个令人欣喜的消息。周宣王因此大喜，封秦庄公为西垂大夫，并将原来大骆一支所居的犬丘之地赐给了他。秦人所领之地遂有所增大，为日后的开拓疆土实现了一个小小的起步。

秦庄公此次胜利，当然不代表着一劳永逸。西戎人反复无常，这次秦庄公给他们的打击称其量不过是一场小风暴而已，因此秦庄公的这场胜利非但没有令西戎惧而退缩，相反地，这更激起了他们心里的血性，他们一定要和周王朝拼一死战。面对西戎越战越勇的蛮力，周宣王只好亲征。最后西戎虽勇，在周王朝大军的压迫下也不得不战败而走。

西戎在与中原大国的争夺中虽然始终无法居于赢方，但其如狼般的野性以及如蟑螂般顽强的生命力使其成了历代中央王朝的隐患。以坚定信念蛮拼的西戎一族具有足以令人生畏的战斗力。这种血性在西戎和秦人的战斗中无疑传染给了秦人。西戎人那如狼的亮眸、那浑身燃烧着斗志的躯体,以及那骨子里无比倔强的灵魂,都足以使秦人震撼。这是一个脱离野蛮进入文明的人所容易缺失的素质。因此秦人在一面传述着西戎人和秦人之间的仇恨的同时,也不忘时刻教训他们的后人:要注意记住西戎人的血性。

自秦仲后,和西戎人正面对战就是秦人的一项重要任务,因此秦庄公几乎将他的一生献给了驱逐西戎上。非但秦庄公及其兄弟,就连他们的后代也必须时刻记住他们与西戎的仇。所幸虎父无犬子,秦庄公长子叫作世父,他曾经因为这份仇恨而放弃了他的继承人身份。当时,在秦庄公将逝时,世父厉声说道:"戎杀我大父仲,我非杀戎王则不敢入邑。"世父从此投入了对抗西戎的漫长道路,将继承人的位子让给了他的弟弟。有长子如此,秦庄公当安然而逝。继承秦庄公位子的儿子姓嬴名开,也就是后来显名于历史的秦襄公。

或许世父的这个举动掺杂着其他的政治与个人因素,但它无疑表明当时秦人对于西戎的仇恨之深。在那个时候,似乎灭除西戎就是秦人的首要任务,只有武力才能解开秦人与西戎之间纠缠不清的结。在秦庄王以前,秦人都没有足够的能力去打开这个结,于是这个结越绑越紧、越搅越乱,遂成了秦庄王后人不得不去面对的一个大结。

当然,秦国后人在解开这个结的道路上并没有令他们的先祖失望,他们也很聪明地利用了这一层结来发展自己,所以说,西戎人是秦人的敌人,更是秦人的恩人,这句话到了秦穆公那里得到验证。但是在秦穆公前面,秦人还经历了一段漫长的征程,而这一段征程才真正将秦从一个地方小邦推上了诸侯大国的位置。

这一段征程是属于秦襄公的。襄公立国是秦国历史的一件大事,而促进这件大事发生的根本原因却是西周。西周将机遇送给了秦人,而秦人也毫不客气地接了过去。

第二章

小户起步：摸着石头也要过河

秦襄公的机会

在西北秦人的土地上，寒风击打着石头，一位青年安静地望着远方，眼神有些许迷茫，却又充满坚毅。这个青年在寻找着机会，而机会也总是毫不吝啬地来到他的身旁。

西周在成康之治后，其实力直线下落。宣王虽小小地振作了一回，但终究无力回天。中央王权的崩落必然导致地方势力的崛起，眼看西周政权混乱，各个诸侯国的长官们无不绷紧他们的神经，企图在这个即将四分五裂的国度里分得一勺羹。而此时，西北的秦地上，秦襄公作为紧盯着西周政权的狼群中的一头，已经准备开始在历史上写下令人注目的一笔。

秦襄公名开，是秦庄公的二儿子。秦庄公长子叫作世父，世父英勇，在其父亲死于西戎之手时，一股愤怒之气顿升胸腔，毅然决然地拿起手中的武器，留下了"戎杀我大父仲，我非杀戎王则不敢入邑"的豪言壮语。世父此句誓言，其豪迈的雄心丝毫不在大汉名将霍去病那句"匈奴未灭，何以家为"之下。有此兄长，便是上天青睐于秦襄公的表现之一，也是上天赐予秦襄公的诸多机会之一。世父离开都城后便专心投入了他的灭戎事业，理所当然的，继承先父位子的权利就移交到了二儿子嬴开的身上。嬴开怀抱着感激兄长的心情，从此开始了他的政治历程。

襄公即位后，西戎之势强大，仍然时刻威胁着秦的基业之本。另一方面，秦嬴的政治地位也只不过是"大夫"而已，相较于中原有如鲁、齐、卫、晋、燕、宋等各大诸侯国，秦襄公的地位之微弱可见一斑。在弱势的地位上还必须时刻注意外来势力的侵犯，这种处境犹如处于夹缝之中，他在艰苦地寻找着生存之道。

在这种处境中，襄公必须建立自己的一套管理方法。襄公自知势小，而西戎部族势大，若要像父辈们对待他们的方法一样，一概以武力抵挡之，只怕脆弱的身子受不了西戎部族的集体来袭。出于这样的考虑，秦襄公找到了一个好办法——和亲。

和亲作为一种政治手段，显然得到了秦人的特别青睐，甚至用来形容这种政治手段的成语"秦晋之好"都来源于秦国的政策。当然，在秦地，实行第一个和亲政策的对象并非晋国，而是西戎。西戎作为一个民族统称，意味着它内部存在着发展程度不一致的各个部族。秦襄公看中了这一点，也随即想到了一个政策：若要在秦地发展，必须拉拢西戎里的大部族。

鉴于西戎大部族在西戎众部族中的影响力，秦人的这一政策直接给他们带来了三个好处：其一，秦人在拉拢西戎大部族的同时，等于为自己寻找了一个政治靠山，这个政治靠山在秦人与西戎其余部族对抗时，将起到保护秦人的作用。其二，秦人在拉拢西戎大部族的同时，也企图分化西戎内部，使日后称霸西戎的道路走得更加顺当。其三，秦人在拉拢西戎大部族的同时，得以抽出一定的时间来发展自己的力量，而这一点，就目前而言，无疑是三点中最重要的。

在这样的精心策划下，秦襄公在他刚即位之初，便努力在西戎各部族里寻找着适合的和亲对象。一番搜寻以后，他找到了一个势力足够大的部族，和这个部族中称为"丰王"的执政者建立了基于联姻的外交关系。这个政治联姻的双方是秦襄公的亲妹妹嬴缪和戎人丰王，丰王见秦襄公亲自献上妹妹，自然也没有拒绝的道理，因此秦襄公的第一步走得很顺当。而秦襄公的这个政策也确实想得十全十美，这一点将在后面的事件中彻底地体现出来,从中也让我们看出了秦襄公作为一个管理者,理应具备的敏锐判断力和战略眼光,以及一种坚毅的实施魄力。

秦襄公二年(公元前776年),戎兵大举入侵秦地,时守卫犬丘之地的将领是发誓代父报仇的世父。戎兵临境,在兵力上见弱的世父自知难以抵挡,但秦人的热血不允许他在任何一场战斗中不战而降。这种血性支撑着世父,他发誓即便到了生命的最后一刻,也要尽全力量抗击西戎。世父精神的感召,加之浸染在每个秦人身上的野性,使秦兵在大敌面前临危不惧。他们都有一个共同的坚定决心:城若亡,人亦亡。

在这种精神的支撑下,世父率众奋力抵挡西戎的进犯。可惜,秦人心有余而力不足,他们再次败在了西戎的手下。世父在城破的一刻仍坚持奋战,最终被西戎的士兵所俘。可怜世父,为父报仇的豪言尚未实现,就先有步入其父后尘的危险。

这次败仗对本已衰微的秦人是一个沉重的打击,幸好秦襄公英明。他一得知犬丘大败,兄长被俘,便立即请求亲家丰王利用他在西戎的影响力救救世父。丰王毫不费力地救得世父,世父得以免步其父后尘,被西戎放了回去。当然,西戎在对与秦人的关系上的考虑也是世父被放的原因之一。毕竟秦人占据抗击西戎的战略要地,西戎不敢与其结下太深的心结,世父若死,对西戎没有好处,只有坏处,就这一点,西戎也没有杀世父的理由。

这件事情表明了在政局上没有永远的敌人,也没有永远的朋友。秦襄公作为一个合格的政治家,无疑是深谙此道的。另外,交际在这种事情上也实现了它的意义,而秦襄公在这一方面也足以令人赞赏的。就这样,在秦襄公的和亲政策下,秦人与西戎边打边好,像极了一对小吵小闹的两口子。

秦襄公在对待西戎方面作出了十足的努力,但若没有机遇,无论秦襄公如何努力,只怕也难以施展开手脚。秦襄公的机遇便是——西周在周厉王统治时期早已元气大伤。西周的衰弱并不仅仅是为秦人带来机遇，中原大地上其他老牌诸侯也都对王权虎视眈眈，相较之下，秦襄公作为一个卿大夫级别的新晋官员，要付出的努力无疑要成倍的来计算。

秦襄公明白这点，因此他一上位就采取安抚西戎的政策，从而为自己腾出了时间和空间来争取自身内部的稳定发展。在这段时间里，秦襄公加强了和中央的联系，意在争取秦人在中原大地的威望。在扩展声望的同时，秦襄公也把功夫用在了版图上面。在这方面，他的第一步就是往东进发，占据了汧邑（今陕西陇县）膏沃之地，并迁都于此。汧邑便是陇县，历来是兵家必争之地，自古有"关陕钥匙"的别称，是关中通往西北的主要关隘之一。迁都于此，非但为秦地进一步发展生产提供了土地条件，最重要的还在于此举开始了秦人往东进发的历史，也意味着秦人已经不甘心偏居西北这片荒凉之地，而将眼光放到了东方的中原大地。

在秦襄公的努力下，秦襄公五年（公元前773年），这个新兴的邦国已经开始展露出它的头角，将自己的声望成功地打出了西北戎狄之地，在中原大国间得到了普遍的关注。

秦襄公能做的都做了，这时候他要静待一个时机。他感受到了这个时机的来临，并做好准备用他的一双大手牢牢地抓紧它。事实没令秦襄公失望，没错，这个机会已经来了。公元前781年，周幽王即位，由他制造的政治闹剧"烽火戏诸侯"作为一个导火索，彻底改变了天下的局势，从而使秦国从一个地方小邦晋升到了与齐、鲁地位等同的诸侯大国。

继祖之业再奋斗

周平王六年（公元前765年），西垂宫殿在经过一阵迎立新君的祝贺后，已经步入了沉默。西北的风从月亮底下闪过，如擦拭刀刃一般令人心寒。在狂欢之后，失落的寂寞侵袭了整个西垂，秦人感念于秦襄公为他们打下的江山，却又为日后的秦国去向而感到迷茫和惆怅。

这种迷茫和惆怅在一个青年的眼里毫无保留地显现出来，他站在广袤的西北大地上，安静的情绪贴合冷清的背景，左边一道河水悄悄地爬上他的脚，他心底一寒，右边随之又来一道冰凉的水流。这个青年往下一看，两条河流交接在一起，好像在絮絮叨叨着什么。几年后，当这个青年再次踏上这块土地的时候，他似乎找到了秦国的希望。

这块土地正在汧、渭两河的交汇之处，而这位青年，我们将他称为秦文公。

秦文公在周平王六年（公元前765年）继位，接过了秦襄公未竟的事业，将一个正在发展中的秦国放到了自己的肩膀上。作为秦襄公的后人，秦文公在管理秦国的方法上追随了襄公晚年的政策，得到岐山之地的正式掌管权是秦襄公对于后人的要求，在这一点上，秦文公一点也不马虎。

文公刚立，比起贸然出兵西戎，或许先着手处理一点内政会更有意义，毕竟，对于一个从未上过台面的执政者，取信于民，以及在百姓面前树立威望，这才是管理好一个社会的前提。正如西方世界采取的政治演讲，正是获得这种政治信用的手段之一。另外，秦国和西戎的力量对比在秦襄公晚年已经得到了一定的证明，即两国之间，秦国的力量如果说没在西戎之下，也只能马马虎虎称个平等。在这种情况下，出兵的结果只能重蹈襄公覆辙。因此，在政策的选择上，秦文公的考虑是周到的，这也表明了其政治眼光的敏锐程度亦丝毫不在秦襄公之下。

文公即位后见载于史的第一件大事就是迁都。周平王八年（公元前763年），秦文公和700多名亲信士兵前往东边去打猎，这一段历程长达一年，或许这无非是以打猎之名而进行的政治巡视。一年后，秦文公来到了汧、渭两河的交汇之处，这地方处于现今的陕西宝鸡眉县附近，在古时被叫作陈仓，当时，非子得地就包括了这块土地。因此秦文公看到这块土地时，似乎有一种特别熟悉的亲切感侵上心头，两河的交汇处顿时如母亲的乳汁一般，溢出醇香的味道。

其实，陈仓作为华夏始祖炎帝的诞生地，以及周朝的发祥地，自古聚集了中华丰富的文明，就这一点而言，陈仓作为一个文明古都，对于秦文公也是极具吸引力的。因此，秦文公这时候有了一个想法，迁都。

秦国迁到陈仓之地后，秦文公谨慎管理，在不足的方面尽量引进中原大国的经验，发展经济，教化百姓。或许宝鸡果真是个风水宝地，因为，秦国在秦文公的一系列政策和十几年的休养生息后，已经步入了发展的正轨，获得了比秦襄公在位期间还大的内政成就。当然，这一切必须归功于秦文公的能力，作为秦人的君主，秦文公和其父一样，是足以令人敬佩的。

秦文公望着蒸蒸日上的秦国，心里想着总算没让寄厚望于自己的父亲失望。但是，秦文公在感到欣慰的同时，往西方一望，忽见一群野蛮的士兵冲入秦人所居之地，将秦人辛苦种下的庄稼抢夺一空。其实，这样的担忧时常萦绕在秦文公的脑海里，犬戎一日未平，秦文公就一日不敢放心。

秦文公十六年（公元前750年），文公派兵往西戎大举进发。在这一次战争中，秦人的力量已经异于秦襄公之时。因此当西戎人在面对卷土重来的秦人时，明显感到力不从心，他们已经阻挡不了秦人的进攻，最后只得以败退的形式来结束这场战争。

秦文公引领秦军获得了秦国对西戎的第一次大胜，事实证明，秦人已经逐渐有了称霸西北的实力，而此时，他们更缺的是一个更具魄力的领导者。

秦文公在击退西戎的同时，顺利并且稳定地占据了秦襄公期盼已久的岐山之地。在获得岐山的同时，之前在西戎管制下的周朝遗民也被编制到了秦国的人口系统之中，由此，秦国在秦文公击败西戎一役后，在土地和劳动力上的收获都取得了可观的成绩，为秦国日后的发展提供了更为丰富的资源。

我们可以大胆地猜想，这场战争在当时必然惊动了中原的诸侯们。当时，秦文公在战后朝见周王的时候，慷慨地将岐山以东的地区送给了周王室当礼物。此举无疑为秦文公在周廷取得了挺直腰板的地位，而一旁看着的众诸侯们，心里已经开始对自己说：要注意这个随时可能爆发的国度。

　　这事作为秦文公政治生涯的高潮，在历史上如烟花般盛开，也如烟花般寂寥。秦文公在这场战争后，基本进入了晚年退休状态，历史从此再也没有记载关于他的出彩事迹。但是，秦国在这段时间进入了美丽的童话时代。在这个时代里，关于秦文公的经历被一些模糊的传说给填满。当然，在另一方面看来，秦文公在对抗西戎的表演如此精彩，就这一点，也足以让秦文公获得任何一个关于褒奖的神话。而关于这些神话，下一节我们会让它们作为一种迷人的传述呈现在读者眼前。

　　在传说之后，历史明确了秦文公的死亡。秦文公五十年（公元前716年），当郑庄公正在周廷为他的霸主地位而理论时，秦文公带着人民对他的敬仰追随他的父亲而去。文公死后，本应该由其长子继位，但文公的长子早于两年前先文公而去，因此，真正接替文公位子的是其长孙嬴立。

　　嬴立是为秦宪公，在其执政期间，国都再次迁移，这次搬到了平阳（今陕西宝鸡眉县）。或许秦宪公的迁都是想向秦人表明，他必定会以祖父秦文公为榜样，将秦国推上一个更高的发展阶段。

　　秦宪公凭着他的壮志，在即位两年后（公元前714年）即派兵攻下了亳戎荡社（今陕西西安）部落，然而他的功绩仅限于此。同时，在秦文公年间，秦国的大臣已经在偷偷地拉帮结派、积攒势力，发展到了秦宪公时，已经出现了企图摄政的苗头，这为秦宪公之后的三父擅自废立君王事件埋下了隐患。

　　秦宪公在位期间没有特别亮眼的表现，他谨慎地依照前人的路子，继续为秦国的发展提供他的一点力量。

　　自秦襄公立国之后，秦国历史走过秦文公、秦宪公两世。文公和宪公在政策上遵循着襄公的路,不敢逾越,因此秦国的此段历史以保守为主题。而事实证明,二公的保守政策为秦国的发展提供了最为正确的路途,毕竟,这符合当时的秦国国情和作为大背景的东周局势。

第三章

春秋争霸:秦穆公的伟大事业

穆公的霸业

夹带着几点感伤的眼泪,一条小河缓缓地流过秦穆公的脚下,几片落花纷纷扬扬地飘着,荡落在地上,慢慢地消融在泥土之中。秋意的萧条令人感到仿似遭受大自然的抛弃,几座陵墓之前,秦穆公和他引领的大臣班子一齐跪倒,这情景为本已肃杀的气氛增添了一份牺牲般的壮烈。

秋天平静地来,却在秦穆公的心底搅起了不平静的波澜。在先祖的陵墓之前,毫无表情的秦穆公在大臣前面得到了一种深不可测的印象,而在这个时候,只有他自己最清楚,他所想做的超过了先辈们已做的一切——齐桓公会盟诸侯的背影深深地印在他的心里。

秦穆公是想称霸的,当然,谁不想称霸?自秦襄公立国以来,毕竟缺少先例,所以这种想法在襄公时候也只是若隐若现,并没有作为一个目标为之努力。而到了秦文公时,虽然在一系列神话里见证了秦国已经萌生了称霸的念头,但由于生产力的低下,自认不足的秦国也只能以发展为先决条件,一代一代地为这个遥远的目标而奋斗着。

到了宣公年间,实力大增的秦国开始了东进的势头。这时候,作为秦国邻居的晋国已经感受到了来自近邻的压力,秦国的霸者事业也在成功遏止了晋国前进的时期得到了自信的力量。自信一来，秦宣公却走了。未来得及将这种事业进行到底的秦宣公将接力棒递给了弟弟秦成公，平庸的秦成公在这方面并没有太多的想法，反倒是当时在秦成公后面的秦穆公着急地燃烧着他的决心。

秦穆公名任好，是秦德公的少子，秦宣公和秦成公的弟弟。秦成公在位短短三年，他的生命就结束了，同他哥哥一样，具有兄弟情谊的秦成公将君王位送给了他的弟弟秦穆公。这种兄弟情谊为毫无出彩的秦成公抹上了一点亮丽的颜色，因为秦穆公在日后的表现将为这份情谊做出肯定的回应。

秦穆公想着称霸，就算不能称霸整个中原，也必须将自己推上西北地区的霸主位子。这种念头催促着他，令他时刻不敢松懈。就在秦穆公继位的第一年（公元前659年），便开始了他扩张疆土的事业。

秦穆公是幸运的，他的先辈们为他留下了一个国力强盛的家底，因此秦穆公本无须为他的征伐事业顾虑太多，所以他继位后的第一步行动便是出击茅津（今山西芮城东）的戎人。这些戎人夹在秦国和晋国之间，秦穆公要想成功实现与晋国的交涉，就必须先平定这部分戎人的势力。

秦穆公在成功征讨了这部分戎人之后，便将眼光正式移到了晋国的身上。关于晋国，秦国在秦宣公年间开始了和这个国家的交涉。在与晋国的长年小争小斗中，秦国虽无大败，但他的实力确实仍在晋国之下。虽然秦国经过多年的发展国力有所增长，但与中原大诸侯国对抗仍显力不从心。

但是这并不妨碍秦穆公东进的决心，硬的不行，就来软的，在这方面，秦穆公和当年的秦襄公是一样的。秦穆公自知实力不在晋国之上，若要打肿脸充胖子，对自己是无益的。这种情况下，秦穆公想起了当年秦襄公对待西戎的政策——和亲。

秦穆公五年（公元前655年），晋国还是晋献公在当家，当年晋献公灭了虢国和虞国，霸气正盛，秦穆公于是做出毕恭毕敬的样子写了一封信给晋献公。信中在一贯的客套之后,表明了这封信的目的:秦穆公希望能娶得晋献公的女儿。晋献公收到这个请求,在一阵迟疑和公开讨论后,最终做出了决定:将自己的大女儿嫁给秦穆公。

晋献公作为比秦穆公还有实力的诸侯,和秦穆公结亲已经算是给他面子了,何况这门亲事的主角还是自己的大女儿。就这一点而言,也足见晋献公对于秦国的防备也不是丝毫无视的。当然,让一个诸侯国的君主当自己的女婿,这对于晚年的晋献公来说,也不失为提升自己威望的一个方法。

任何一门政治联姻,在背后都有双方各自的打算。秦穆公的对晋政策采取和亲的原因,其一,是因为自己实力的不足,多年的秦晋之争对于秦国并无益处,相反,短暂的和平能为秦国争取一段发展的时机。其二,晋国作为秦国向东方前进的门户,要对东方施加控制力,就必须先搞好和晋国的关系,因此秦穆公此举无疑是借晋国为踏板,开始他的东进计划。关于第一点,秦国是老手,自然无大碍。关于第二点,就在这次结合的几年后,也就是晋献公走到了他的将逝之年时,历史将证明秦穆公的政治眼光是具有前瞻性的。

对秦国联姻一事上,晋献公有自己的算计。晋献公虽然实现了晋国的强大,但此时的他也已步入晚年。一个重病的老政治家已经有心无力,只能逐渐将眼光缩回到了宫廷之内。与此同时,位于晋国南部的楚国正在崛起,这个国家对于晋国的发展也有了一定的威胁,另外,晋国的东方又盘踞着老牌诸侯国齐国。在这种多方夹击的情况下,晋国就有了稳定各方的理由。

当时,晋和三大诸侯国接壤,晋国和齐国实力相当,发生大的冲突可能性较小,因此对于晋国的问题就徘徊在结好秦国或楚国之上。因为楚国从南方崛起,日益威胁到北方各诸侯的地位,因此北方诸侯对其均报之以仇视的态度。这一点,齐桓公先向世人表明了他的态度。当时,齐桓公就曾派出军队准备伐楚,并为这次的出兵行动列举了两点理由,无外乎是楚人不尊重周王室的借口。另外,后来的霸主宋襄公也曾被楚所囚,释放后还和楚发生了一场大战。楚国的遭遇表明了,在当时诸侯争霸的背景下,中原大国对于一个猖獗的"外来户"是可以持一致打击的立场的。晋国作为中原大国,自然也不会例外。

和楚国相比,秦国在西北虽然也有崛起的态势,但只因秦人一贯忍耐,做事低调,所以他们的崛起并没有令其他诸侯国感到威胁。同时,秦国和当时的霸主齐国中间隔了一个晋国,因此秦国的崛起并不会对齐国构成直接威胁,齐国认为没有必要对秦国施压。秦国正是在这种情况下获得了中原大国的认可,虽然这之中有些许轻视的因素。

在如此对于秦、楚两国的考虑下,晋国显然还是倾向于秦国的。正好,秦穆公也懂得这样分析,因此他及时出手,将这个分析中的春秋格局变为现实。懂得韬晦之计,这无疑是秦国比楚国聪明的一点,借由这一点聪明,秦国顺利打进了中原诸侯大国的行列。

秦晋因为各种对于自身的有益考虑,终成婚姻,为日后令人津津乐道的秦晋之好起了一个好的开端。而"秦晋之好"也因此成了政治联姻的代名词,到了后来,摒弃了政治因素,它也成为男女婚嫁的形容词。

秦晋分道扬镳

晋文公在位时于城濮大败楚军,后又接受周天子面见奖赏,正值顶峰的晋文公大会诸侯,正式坐上了霸主的位置。就在晋文公一方独大的时候,却有一个小国特立独行。他不将所有的筹码赌在晋国身上,而是分散投资在晋和楚两方之上,这个深谙投资之道的小国正是郑国。

郑国到了郑文公时,国力已大不如前。而郑国夹于楚、晋之间的地理位置也注定了它难以发展的事实。两个大国在两旁挤压着郑国,郑国要想生存,就必须懂得玲珑之道。因此,在晋、楚争霸的这段时间里,郑文公唯一能做的就是在两方之间徘徊犹豫。

郑文公这种反复性格不能令人感到满意,反而激起了晋国的不满。早在晋文公逃亡的时候,郑文公对于晋文公毫无亲近的表示,这无疑在晋文公心里留下了一个结，因此晋文公早就想找个借口来整整郑文公。这时，对于郑文公的反复无常，晋文公找到了他出兵郑国的理由。

当然，晋文公并不想单独出兵郑国，因为郑国背后还有一个楚国在支持着。虽然楚国在城濮败给了晋国，但这并不表示楚国就从此失去和晋国抗衡的力气了。因此，晋文公在出兵郑国之前还做好了万全准备，如同当年城濮之战时找来秦国，这次晋文公也给秦穆公送去了合作的请求。

秦穆公收到了晋文公的来信。这封信件令秦穆公异常高兴，因为晋文公在出兵郑国时想到的合作对象是秦国，而不是齐国或其他国家，这说明秦国借晋国入驻中原的战略已经实现了。秦穆公在高兴之余，唤来了众大臣商议是否出兵郑国。君臣商议的结果是：把握这个时机，出兵郑国。

秦国给了晋国回复，称自己愿意出兵相助，到时秦军将驻扎在汜水南面，希望晋国自己做好准备。晋文公一收到回复，兴奋不已，立即调兵遣将，驻扎于函陵之地。

郑文公此时正在国都里为自己的地理位置而烦恼着，忽然有人来报，秦、晋两路联军抵达郑国边境，做好了攻伐郑国的准备。郑文公一听，脸色立刻绿了下来，像个失去营养的乞丐，在那里恐慌地抖动着。

恐惧是没用的，郑国在晋、楚两强的夹击下还能存在那么久，一来固然有晋、楚对于两国之间留个缓冲带的考虑，二来，我们也不能忽略了郑文公的能力。毕竟，如果郑文公是个昏庸之君，那郑国只怕早已狼入虎口。因此，面对这次大敌临近，郑文公只得勉强收拾起恐慌之心，叫来大臣们讨论对策。

在毫无对策的时候，郑国有个大夫忽然想起了一个人，于是他对郑文公说："国危矣，若使烛之武见秦君，师必退。"（《左传》）烛之武，这个人有那么大的能耐吗？郑文公心里这样想着，但是，在事情紧急关头，也只好死马当活马医了。于是郑文公听从了大夫的建议，亲自请烛之武来想想办法。

可是这个烛之武不是个好请的人物,只见他摇摇头,故作哀叹状对郑文公说:"臣之壮也,犹不如人;今老矣,无能为也已。"(《左传》)原来烛之武也是空有一身抱负却得不到重用之人,此时君主来请他出山,他自然要表达一下自己的抱怨。

郑文公听了烛之武这酸溜溜的话,明白这也就是一个老臣发发牢骚而已,心里还是激动不已。当然,郑文公是个聪明人,他也不点破这一层,毕竟现在有事相请,当然得对人家恭敬一点。于是郑文公也故作后悔的样子,摇了摇头,直说当初没重用烛之武是他的错,希望烛之武能原谅他。

能让一个君主这样对待,这已经算是给了臣子很大的面子了。烛之武见郑文公如此恭敬,心里偷偷爽了一下,也就答应郑文公了。

可是烛之武答应是答应了,但是他真的那么有本事可以解决这个困境吗?看来,烛之武当初只是摆摆架子,其实他心里已经有底了,没几分本事还真不敢乱应承。

烛之武对秦、晋联军进行了分析,他认为两军虽联合,却也各怀心计。尤其是秦国,本来秦国和郑国也没有什么交情,因此此次秦国对于郑国的攻伐必然是不积极的。凭着这一点,烛之武相信只要以自己的三寸不烂之舌,便可以劝退秦军。秦军一退,晋军孤立,自然也就退兵了。烛之武是这样想的,但是秦穆公是不是这样想的,这还得看他的口舌有多厉害了。

烛之武计划完后立即付诸行动。首先他要去秦国军营中面见秦穆公,此举一定不能让晋文公知道,毕竟晋国人才济济,烛之武一人的口舌再利,也挡不住多人一起口诛。因此烛之武趁着夜色,令人用绳子绑着他,然后将他慢慢地从郑国城楼上放下去。

烛之武来到了秦营里,求见秦穆公。秦穆公听说郑国有使者前来,便令其进见。

烛之武见到秦穆公后,不客套,不寒暄,直入主题。他表明了这次前来面见秦穆公的目的:希望秦国退兵。秦穆公见前面这位老者理直气壮地提出这样的要求，在觉得好笑的同时也感到几分敬畏。但是，要自己退兵哪有那么容易？秦穆公希望烛之武能说说他为什么要退兵。

烛之武面对和善的秦穆公，也多少放下了自己的姿态，将他当作一个朋友，对他说出了要秦国退兵的理由。原来烛之武认为灭掉郑国对于秦国有害而无益。因为秦国和郑国并无相邻，之间被晋国给隔了起来。郑国如果灭亡，土地必然都归晋国，便是有一部分土地给了秦国，又要这块相离甚远的土地做什么呢？因此，秦军帮忙灭掉郑国这一行为无疑只是在为晋文公做嫁衣裳。帮晋文公扩大他的土地，同时也意味着削弱了自己，秦穆公何必做这种吃力不讨好的事呢？

说到这里，秦穆公稍露迟疑的神色。他觉得烛之武说得也不无道理，当时自己出兵郑国只考虑到有机会管管中原的事，倒真没想那么多。烛之武见秦穆公已经对不上话来，知道自己成功了一半，立即接下去说。

烛之武挑起了昔日晋惠公对秦穆公的背约一事，然后得出了晋国贪婪的结论。因为晋国贪婪，如若郑国灭亡，那么不满足的晋国必然往西发展，而秦国正处在晋国的西部！

这事真是说到秦穆公心坎里去了。当时晋惠公的儿子在秦做人质时，晋惠公还要让自己几分，现在晋文公当霸主了，哪会在意他这个岳父的地位？再者，晋国现在比自己强大，如果还一味地帮助它，那以后还如何实现自己控制晋国称霸中原的目标？想到这里，秦穆公再也不愿傻傻地帮助晋文公这个女婿了。最后，他和烛之武握了握手，表示感谢烛之武的一席话，并声称自己不久便会退兵。

在烛之武回到郑国不久，秦国便和郑国订立了盟约，并派出军队驻扎郑国，秦穆公自率主力而归。这个消息传到了晋营里，这令晋文公感到尴尬。如果晋文公出兵进攻郑国，那必然要和留守郑国的秦军公开对峙，如果不攻，兵已经来到这里，无功而返又令文公难以释怀。

晋文公进退不是，这时有人建议晋文公先袭击秦军再进攻郑国。

但是，晋文公考虑了一下，觉得现在还不是和秦国撕破脸的时候，最终也只好退军而返。

这便是发生在秦穆公三十年（公元前630年）的烛之武退秦师的典故。就因为一个烛之武，一场本可以轰动的大战顿时消弭于无形之间，这便是言论的厉害。其实，烛之武退秦师的影响不仅仅在于保全了郑国，同时，它更产生了一个长远的影响，即破坏了秦国和晋国之间的关系。

当时，秦军竟然敢留兵郑国，无疑向晋国表露了挑衅的态度，这也表明经过烛之武的一番劝说后，豁然开朗的秦穆公已经明白是时候和晋国当面来算账了。但是，霸主晋文公对这种挑衅仍有所顾忌，这说明晋国虽然称霸了，实力却并不比秦国强多少。在这种情况下，两强对决的局面已经不可避免了。

秦、晋的关系在这里开始陷入尴尬的局面，两年后，当晋文公死后，这两个国家将彻底撕破脸面，进入它们的决战时代。春秋历史走到了这一步，秦晋之好已成为历史。

秦穆公是霸者

秦穆公三十六年（公元前624年）的王官之战奠定了秦穆公作为西方霸主的地位。但是，即使在大西北，秦穆公都没办法做到说了算。当时西北的土地上生活着许多戎狄部族，时常侵扰着秦国的国土，令秦人不堪其扰。秦穆公必须想办法解决这些问题。

在秦穆公的早年，他花了更多的心思在东方的诸侯国上，因此无暇顾忌西方的戎人。王官之战后，晋襄公下令全国封锁，彻底遏制秦人东进的势头。面对晋国的封锁，秦穆公已经难以再往东发展，而自己又步入了晚年，这种情况下，穆公只好将眼光收回到西方，先解决了戎人再说。

当时在西戎里有一个较为强大的部族叫作绵诸，当年秦穆公即位时，绵诸王便派出由余前来窥探秦国的虚实。只是聪明反被聪明误，绵诸王最后中了秦穆公的计，将由余送给了秦国。从此，由余便留在秦国管理戎人的事务。

王官之战后，由余也看出了秦国无法往东进展的局势。而凭他多年对戎人的观察，他知道此时秦穆公已经完全有能力征服众戎，正值穆公的霸业刚登上顶峰，戎人对之也有几分畏惧，因此，这时候是对西戎出手的最好时机。

这样分析后，由余便往见秦穆公，向他提议改变战略方向，暂缓对晋战略，而转为加紧对戎战略。由余的提议正合秦穆公的心，于是秦穆公令由余全权负责伐戎事务。

西戎部族之多，想要一网打尽并不容易。所谓擒贼先擒王，秦国想到征服诸戎，就必须先将戎人中最有威望的那一个部族给拿下。而这个部族正好是由余的老东家绵诸。

绵诸大概是自西周末年由西往东迁移到今甘肃，后定居在今天水地区。由于绵诸在诸戎人中和最早的秦国都城秦亭靠得最近，因此它一直都和秦人有着密切的来往。而对于绵诸，生活在那边多年的由余再熟悉不过了。不论是它的地理，还是它的君王，由余都早已掌握透彻。因此，对于征伐绵诸，有了由余，秦穆公便放了一百个心了。

秦穆公三十七年（公元前623年），带着秦穆公的期望，由余作为秦军的顾问，带领着秦军，再次踏上了他的故土。

由余重新回到了绵诸这块土地，望着眼前这熟悉的景象，他想起自己为这块土地付出了多少心力，却因为绵诸王的多疑，自己不得不离开家乡，顿时感觉委屈。所幸遇上穆公这样贤明的君主，自己才能在他国得以一展所长，实现毕生抱负。想到这里，由余发誓要将这块土地收过来送给秦穆公，他相信，绵诸在穆公的管理下，将会有更好的未来。

因为这种信念，由余带着秦军直入绵诸。当时的绵诸王听说秦军来袭，立即调兵遣将准备迎击。可是秦军速度之快，令绵诸兵士措手不及。很快地，秦军便成功突破了绵诸的防线。绵诸王得知秦军已经成功入侵，知道大势已去，王宫四周也被秦军团团围住，自己已经逃不出了。在这种情况下，绵诸王只好放弃抵抗，降于秦国。

绵诸王被俘的消息传遍了整个西戎，紧接着，秦人侵入的消息也随之而来。西戎各部族见秦人势头正劲，而诸部中最强大的绵诸王也失败了，因此也就不再抵抗，纷纷接受了秦军的招降。

就这样，秦军从出兵到现在不出一年的时间，便成功降服了二十多个戎狄小国。秦国国界也因此往南扩至秦岭，往西直达狄道（今甘肃临洮），往北伸至朐衍戎（今宁夏盐池），往东进驻黄河，史称"益国十二，开地千里，遂霸西戎"（《史记·秦本纪》）。自此，秦国的名声在大败晋国后又一次威震了天下。

秦穆公灭戎之战，奠定了穆公在西北的地位，鉴于此，周襄王令人给穆公送来了金鼓当作祝贺之礼。其实，这金鼓便意味着周襄王已经正式承认了秦穆公的西方霸主地位。

秦穆公当上了霸主，虽然只是西方霸主而已，但也算是实现自己百分之八十的目标，距离中原霸主只差一步之遥了。穆公望着金鼓，感慨万分，自己诚恳奋斗了几十年，其他国家的君主都换了好几届，就自己这条老命还一直舍不得离去，现如今，自己终于能拿个霸主的头衔，也算不辜负自己的辛劳、不辜负先祖的期望了。

年已老迈，穆公知道自己不能再和别人争什么了。当一丝温暖的阳光普照大地时，穆公带着他安详的满足神色向世人告别而去了。秦穆公去世的消息传遍了整个秦国，整个国度顿时笼上一层深深的哀愁。国人们为这个仁义之君的逝去而悲痛万分，特意作了一首诗来纪念他。该诗名为《黄鸟》，其中有一句："彼苍者天，歼我良人；如可赎兮，人百其身！"后一句的意思是如果可以赎回穆公，那我们愿意用一百条命来换啊！秦穆公在秦人的眼里分量之重，可见一斑。

第四章

商鞅变法：一个国家最好的机会

秦国走上了下坡路

到了秦桓公十四年（公元前591年），一生戎马的楚庄王逝去，告别了他的霸业。继位的楚共王虽也有心将父亲的霸业发扬光大，然终究因其能力不足，楚国开始走向下坡路。十年后（公元前581年），晋景公也走了。晋景公死前在晋国发动了一场轰动全国的运动——屠杀赵氏。赵同、赵括与其全族人都被景公一一杀死，后在韩厥的力劝下，景公才放过了一个赵家小孩子，令他作为赵氏后人。这便是赵氏孤儿的传说。

赵氏孤儿的事件表明了晋国内部权力斗争的复杂性。晋国自六卿制度制定以来，便注定了各权臣之间的势力争夺，这为晋国的政局稳定埋下了一个令人不安的定时炸弹。

晋国内部政局不稳，这是每一个晋国君主都认识到的一个问题。继承晋景公的晋厉公也深有所感，因此他继位后便对内肃清权臣，但是这并不能取得太大的作用。对内只能暂时稳定局势，要让晋国安稳，还必须争取外国势力的支持。因此，厉公东和齐国，西约秦国，希望能将这几个大国从楚国那边抢夺过来。

秦桓公二十五年（公元前579年），秦桓公收到了晋厉公的来信，厉公在信中表示希望能和秦桓公两人在令狐（今山西临猗县西）相会，讨论一下两国的关系该如何走下去。秦桓公收到来信，一开始倒也很乐意，遂答应了晋厉公的请求，和他约定好在当年冬天相会。

晋厉公得知秦桓公答应了，心有所喜，想着这次应该能将秦国拉拢回来，重新缔造以往的秦晋之好。想到这里，晋厉公迫不及待地等待着约定之日的到来。

日子到了，晋厉公激动不已，早早地便来到了约定之地等待秦桓公的来临。可是晋厉公等啊等，就是等不来使者的报信。桓公结果竟然是派出了大夫史颗代表自己来会见晋厉公。没人知道秦桓公在想什么，一开始答应了人家，最后来到了黄河以西的王城时却改变主意了。会不会是令狐这块土地勾起了秦桓公的哪段记忆？不管秦桓公在掂量着什么，总之他没有赴约。

秦桓公这么过分，晋厉公自然是该生气了。不过厉公倒也不想让这次会见还没开始就结束，毕竟能谈出个结果，厉公也会高兴的。但是，也不能把脸面放得太低，过河是可以的，但不能亲自去。厉公心里想着，外交得平等，秦国派出个大夫，晋国哪能出个诸侯？因此，晋厉公便让郤犨作为晋国代表，渡过黄河来到王城会见秦桓公。

这次名为诸侯会见的盟约，却因为秦桓公的任性而失败了，最后只在两位大夫的主持下完成。当时晋国的范文子听说事情发展到这一步，便在心里琢磨着：秦桓公毫无诚信可言，这次会盟必定没有任何意义。

果然，如同范文子所预料的。这次会盟后不久，当秦桓公一回到他的秦都，立即就宣告背弃了这个盟约。非但如此，秦桓公还沟通了晋国的又一个老对手狄人，和狄人商量着如何联合进攻晋国。

秦桓公此举可谓不信不智。

不信是显而易见的。既然和人家约定了，为何最后又背约？难道秦桓公没有读过晋惠公的历史？当年晋惠公的反复无常引起了多少晋人的反感，秦桓公真该好好掂量掂量。至于不智，不信便是不智的一个表现。另外，秦桓公竟然还以为拉拢狄人共击晋国可以成功，他也不想想，自己和晋国的对战无一胜出，而狄人又是经常挨晋人的打，两个凑到一起，又能成什么大事？

　　如果说，秦桓公此举不过想给晋国以往的坑骗秦国报一箭之仇，那么他选择的时机也是错误的。国君背盟是直接扇对方国君的巴掌，这不敬程度是很高的。看来，秦桓公势必要为他的错误付出代价。

　　秦桓公背盟的消息传到了晋国，晋厉公大怒，决定好好教训一下这个说话不算话的西北诸侯。于是，秦桓公二十七年（公元前577年），晋厉公联合鲁成公，还顺带搬来周天子的重臣刘康公、成肃公，一起商量着攻打秦国。

　　晋厉公出兵秦国的第一招是从政治上的，他派出了大臣魏相（又称吕相）前来秦国面见秦桓公。这秦桓公正奇怪着，都要开打了，还派什么使者，却不知道晋厉公玩了一个正名的政治游戏。原来，厉公派出魏相来秦国是为了宣告秦晋之间的关系彻底决裂。

　　这个魏相一来到秦国，一见秦桓公便张开他的嘴巴，滔滔不绝地进行着他准备已久的演讲。魏相义正词严、大义凛然地念完了这一篇演讲，讲得秦桓公毫无反驳之力，只得目瞪口呆地看着这个口若悬河的晋使。

　　魏相的这篇演讲便是出名的《绝秦书》。《绝秦书》细数了秦国国君的种种不是，将秦国的国君们批得体无完肤，完全一副小人模样。《绝秦书》虽有雄壮威武之势，其实却是一派胡言。晋国在书中是睁着眼睛说瞎话，将晋国的不是全推到秦国身上，其目的浓缩成两个字便是——绝交！

　　秦桓公领教完这魏相的口才，心里纳闷了，要绝交就直接说，干吗要走这奇奇怪怪的形式。但是，当秦桓公拿着《绝秦书》一看时，他才领悟了，原来在舆论上，自己已经输了晋厉公一大截。看来，文人倒也不是没用的。汉末三国时的陈琳的一篇檄文便骂得曹操汗流浃背，头风病竟不治而愈。而魏相绝秦再次为人们证明了一点：文化水平高点，既可以直中他人痛处又不失自己的优雅。

　　这书信只是个开头，随之而来的才是真枪实弹。秦桓公二十七年

（公元前577年）五月，晋厉公亲统大军，会合齐灵公、宋共公、卫定公、郑成公、曹宣公各自率领的本国军队，再加上邾国和滕国的军队，组成了诸侯联军，大军直抵秦国的麻隧（今陕西泾阳北）。

这麻隧距离黄河已远，已经属于秦国的腹地。此次八国联军直入秦国腹地，秦桓公急忙做好迎敌的准备。不管桓公作出如何的准备，都注定改变不了这场战争的结果——秦军败绩。想来也是正常，一个晋国就够秦国受了，何况多国联军。

这场麻隧之战算得上春秋历史上规模较大的战争之一，据部分史料估计，当时晋国联军兵力约十二万人，秦国兵力约五六万人，总和便有十七八万，这个数字在当时是很大的。也便是因为这么大的数字，秦国之败便也败得很大。当时秦国在麻隧败退后，还被晋军追击到侯丽（今陕西礼泉境内），侯丽距离秦都更近，已经是秦国的内地了。秦国自和晋国开打以来，这还是第一次让人欺负到如此地步。

麻隧之战的失败直接宣告了秦国的衰弱，秦桓公也因此成了秦国中衰的始作俑者。经此一败，秦国基本无力和晋国正面抗衡，晋国也因此稍微对这个西方的敌人放下心来。而晋国也因为这次战争而顺利完成了秦、狄、齐三强服晋的部署，这时，中原霸主实属晋国。

麻隧之战后的次年（公元前576年），秦桓公便向这个混乱的世界告辞了。秦桓公倒也不是一个昏庸无道之君，只是在治理国家方面显得能力有所不足，这一点和他的祖父秦康公、父亲秦共公都是一样的。看来，秦国在这三位君主手里，注定了这个国家走向平庸的历史。

要想富，改革是条路

秦国这个国家在长年外争内斗之后毫无生气，百姓们只能眼巴巴地望着命运的施恩，送他们一个贤明的统治者。当这种急迫的眼神汇聚成一个时代的呼唤，秦献公便应运而生了。秦献公名嬴师隰，时人都称公子连，接手了这个残破不堪的国家。当要求兴盛的呼声回绕在整个秦国时，秦献公的心中燃起了熊熊烈火。在积聚了多年的经验后，秦献公准备在一朝爆发了。

秦献公即位后便找寻着强国的道路。其实，在献公心里，他早已为自己规划好了整个治国安排。这份规划全然得益于他在魏国的三十年。在秦献公待在魏国的三十年间，正好是魏国强盛壮大的时候。这点让秦献公有极大的触动，为何一个新兴的国家却能迅速发展，从而凌驾到其他大国之上？

带着这个问题，秦献公在对魏国进行一番考察的同时，还将其和秦国进行了一次对比。关于魏国，他看到了一个李悝。这个李悝在魏文侯的支持下，大胆地在国内进行变法，结果使魏国的经济迅速发展，政治也因而安定。后来有一个吴起，这个吴起在军制上的大胆突破，完善了魏国的军事制度，也提高了魏军的作战能力。再后来有一个西门豹。这个西门豹刚到邺城，便"斩杀"了当地的"河伯"，将迷信之风带出邺城，又在邺城大刀阔斧地改革，使一个本已荒芜的地方重新染上了多彩的颜色。

这三位贤臣之所以能帮助魏国取得这样好的成绩，其中无外乎一个词——改革。看来，当历史进入另一个阶段的时候，因循守旧只会阻碍这种过渡，从而使自己落在他国之后。若要让自己跻身前列，唯一的方法就是创新，而创新就必须改变。因此，要强国，唯有改革。

这份教训在吴起奔楚之后更加坚定了秦献公的决心。

吴起在魏国功成名就，难免遭人忌妒。当时的魏相公叔痤便对吴起忌惮几分，因此时刻想着一些阴谋来陷害吴起。有一次，公叔痤的一个仆人知道了他的心思，便向他献出了一个陷害吴起的计策。

公叔痤按着这个计策。他先来找魏武侯，对魏武侯说吴起这人好名利，而魏国只是一个新兴的小国，只怕吴起在这里待不久。魏武侯一听，再联系吴起杀妻求将的经历，倒有了几分怀疑，因此便向公叔痤询问该如何应付。于是公叔痤就对魏武侯说："试延以公主，起有留心则必受之，无留心则必辞矣。以此卜之。"（《史记·孙子吴起列传》）意思是说送一个公主给吴起，如果吴起不接受，就代表他不想留在魏国。魏武侯觉得这个方法不错，便准备照做了。

公叔痤自己娶的就是公主，在见过魏武侯之后，立即将吴起请来自己家赴宴。在宴会上，公叔痤故意激怒公主，让公主大骂自己，轻贱自己。吴起一看，身为公主如此盛气凌人，如果自己也娶了公主，那她不是也会爬到自己头上？向来看中功名的吴起可不愿让自己戴上一个"妻管严"的外号。因此，当改天魏武侯表示自己愿意将公主嫁给吴起时，吴起却委婉地拒绝了。

魏武侯一见吴起拒绝，想起公叔痤那天的警告，便开始对吴起产生了不信任的念头。后来，吴起见魏武侯渐渐疏远了自己，才明白自己中了公叔痤的计。公叔痤此人好争权，擅阴谋，如果吴起再待在魏国，只怕性命不保。因此，吴起便不告而辞，离开了魏国，来到了楚国。

当时楚悼王正急于寻找贤臣，忽闻吴起来投，兴奋不已。但是，吴起在魏国多年，对魏国的贡献之大众所皆知，为何魏武侯会舍得抛弃这么一个能臣？楚悼王对此深感疑虑，因此对于吴起来投奔自己仍持保留态度，最初只让他在宛城当了一个太守。

吴起当了多年的河西太守，治理起宛城来可谓驾轻就熟，不久便将这个地方治理得井井有条。楚悼王见此，大喜，便坚定了重用吴起的决心。于是，楚悼王召回吴起，向他询问治国之道。吴起一条条地列举了楚国的弊端，每一条都直中楚悼王的心窝。最后，吴起对楚悼王说：想要强大，唯有变法。

楚悼王折服于吴起的施政理论，便将变法的任务全权交给了吴起。这之后，吴起在楚国开始了他的变法之路，而楚国也因为有了吴起变法，遂成功挽救了贫国弱兵的局面，重新踏上了富国强兵的道路。

楚国的变法和魏国的改革彻底坚定了秦献公的心。献公期望着有朝一日能紧握秦国政权，将这个在流亡期间学到的经验应用在秦国身上。如果这样，秦国必然强大。

秦献公在魏国学到了这层道理。同时，他也从统治者身上寻找问题。对比秦魏两国的国君，秦国从秦厉共公起就不曾出现过一个英雄般的君主。反观魏国，无论是魏文侯，还是其后的魏武侯，都具有非凡的政治魄力和战略眼光，更兼文侯其人，有识人之能、容人之量，方可笼络众多贤臣。因此，在魏文侯、魏武侯和楚悼王这些君主身上，秦献公看到了一个强国的统治者理应具有的品质，便将这些品质学了过来。

秦献公在魏国期间学到的治国方法可谓不少。这全赖于他那颗坚决复兴国家的心，如果换了别人，在魏国安逸地过着日子，三十年过去，只怕全然忘掉了自己国家的疼痛。秦国有这样的君主，又何愁不复兴呢？看来，秦国百姓这次的赌注是下对了。这个君王在自己即位的第一年，便开始改变了秦国人民的生活。

秦献公元年（公元前384年），献公刚在人民的欢呼下登上君主位子，忽然就做出了一件轰动秦国的改革——废除人殉制度。人殉在秦国有多年的历史，它除了让贵族大夫们彰显自己的身份地位外，对于秦国的发展毫无益处。若在国家兴盛时，对于人口的需求不高，人殉制度的缺点自然也不会太明显。可到了秦献公这年代，对于人口尤其是青壮年的需求提高，人殉制度夺取生产力的缺点便暴露无遗。因此，秦献公的废除人殉制度意义非凡。它从根本上制止了秦国生产力和兵源的缺乏。而有了生产力，秦国的农业和工商业便兴盛起来，秦国的经济也因此而重回平稳发展的轨道。至于有了兵源，这对于秦国军事的贡献，自是不用多讲。

这之后，秦献公做了第二件大事——迁都。秦献公将都城从本来的雍城迁到了秦国东部、地近河西地的栎阳（今陕西西安阎良区武屯乡）。这栎阳地近河西，秦献公的这次迁都之举一来向秦人表明了自己夺回河西之地的决心；二来也使得自己远离旧都雍城的束缚，因为在这里聚集了一大批有权有势的贵族。

除此之外，秦献公还继续推广当年由秦简公颁布的初租禾。初租禾对于土地私有的认可，对于地主来说当然具有诱惑，但对于贵族来说，无疑暗中剥夺了他们的权利。因此，初租禾在东部边防地区推行得较为顺利，在西部以雍城为中心的贵族聚集地便受到了很大的抵触。另外，初租禾作为支持地主的政策，还经常引起贵族和地主之间的冲突。

秦献公对于两者之间的冲突，采取了平衡缓和的政策。他没有硬性地要求奴隶主贵族实行自己推行的初租禾，为了拉拢这些贵族，秦献公和当中最有势力的一家结成了姻缘。对于地主阶级，秦献公在他们之中挖掘人才，从中选拔官员，让地主的势力变大，从而平衡其与奴隶主贵族之间的力量。

秦献公以联姻和宽容的方式对待贵族阶级，同时又让实行的政策偏向地主和农民。在这种两相平衡之下，秦献公拉拢了贵族势力的同时，也获得了地主阶层的支持。因此，秦国渐渐有了复苏的势头。

这之后，秦献公还在国家的各个方面实行各种改革。在秦献公的改革之后，秦国的国力渐强，人口增加，经济复苏，军事素质也提高了不少。但是，当贵族们看透了秦献公的政策后，便明白了这些政策都是以牺牲自己的利益为前提的。因此，秦献公的改革引起了部分贵族的不满，也因为这个原因，改革在秦献公这里才无法跨出更大的一步。

当改革引起了贵族的抗议时，秦献公便想出了对外战争从而转移关注点的方法。于是，在秦国经历了秦献公的改革而开始有万物复苏的美好景象时，秦献公便将眼光放到了外国。而在秦献公的眼睛里面，首当其冲的便是在自己东边的韩、魏两国。

千古一王

秦献公的改革总算挽救了秦国持续多年的颓势，将秦国重新拉回了富强的轨道。为此，在秦献公十一年（公元前374年），献公接见了周烈王派来的使节太史儋。太史儋暗示秦献公，希望秦献公能扛起尊王的大旗，在扶助周王室的同时让自己成为新一代的霸主。听到这里，秦献公的心痒了起来。

就在同一年,在太史儋的鼓励下,秦献公随即派兵进攻了三晋之中的韩国。可是,秦献公的首次用兵竟然以失败而告终。这之后,秦献公又足足蛰伏了八年之久。

这八年之中,秦献公的变法在贵族中引起的不满之声越来越大,矛盾也越来越尖锐。这种矛盾如果不及时处理,只怕会触动一场大的内战,为此,秦献公让这种情况成为一个直接的理由,开始了他蓄谋已久的对外战争。

对外战争成功转移了国内的关注点。当然,这只是秦献公的目标之一。在秦献公的计划中,收复河西之地远比这个目标重要。因此,秦献公对这次对外战争抱有十分的期望,他期望能顺利达成目标,夺回失去多年的土地。同时,秦献公也抱有十足的信心。根据记载,早在秦献公十七年(公元前368年),栎阳的天空陆续飘下了不少金属材质的东西。这次奇怪的天象给献公理解为上天献给自己的金瑞。天降金瑞当然是不可能的,它可能是秦献公为提升国内士兵士气而采取的一种方法。但是,它也向世人表明了秦献公对于此次出兵的决心和信心。

秦献公十九年(公元前366年),在败于韩国的八年后,献公再次派兵东进。当军队来到了洛阴之地时,秦军遇到了韩、魏联军。联军就在面前,秦献公必须把握这个时机。如果此次兵败,国内民众对自己将失去信心。如果此次大胜,自己将争取到更多的信任,从而可以进一步地实现目标。

在此战中,秦献公将决心和信心化成了力量,最后率领着英勇的秦军成功击败了韩、魏联军。这次胜利在秦国国内造成了一阵兴奋,秦人们在秦献公大败韩、魏军队之中看到了秦国变法的结果,也看到了秦国复苏重建威望的希望。

当秦国上下还沉浸在胜利的喜悦之中时,秦献公二十一年(公元前366年),献公再次领兵伐魏。其结果是深入魏国的内部,在石门(今山西省运城西南)大败魏、赵军队,斩首六万。石门大战是秦国对魏所取得的前所未有的大胜利，在这之后，献公将获得的土地献给了秦国的贵族，从而稍微缓冲了贵族们因变法而不服的心。

这场大胜轰动了秦、魏两国，也震惊了周王室。为此，周显王派出了使节前往秦国祝贺，并且向秦献公献上绘有黼黻花纹的绣品。"黼"是黑白两色相间的刺绣，花纹是一对斧钺，而"黻"是黑青两色相间的刺绣，花纹是一对弓形。因此，这次送礼很有代表性意味。因为赐给诸侯斧钺弓矢，本是周天子承认受赐者为霸主的隆重仪式。在春秋的时候，晋文公就接受过周天子的这些礼物。只是，当时的周王室还有点能力，因此送出的东西是真东西。可是到了战国时候，周王室已经弱到不像样了，因此，周显王只能把绣有这些东西的绣品送给秦国，当是走个形式。

要知道，当魏国在国力顶峰的时候，周王室都没有送出这些东西。而秦国此时不过胜了魏国两战，远远比不上当年魏国夺取秦国河西之地的威风，却有幸获得周王室的认可。由此看出，周王室在当时是有所偏向的。

获得周王室的支持后，秦献公便大胆地更前进一步。秦献公二十三年（公元前362年），三晋之间又发生了矛盾。秦献公看准了这个机会，再次出兵攻魏，最后在少梁（今陕西韩城南）大败魏军，俘魏军统帅公孙痤，并成功收复了庞城（今陕西韩城东南）。

秦献公三出三胜，似乎意味着秦国的实力已经凌驾在魏国之上了。其实不然，当时的魏国多面临敌，自然无法全身心对付秦国。同时，魏国内部因为公叔痤等人的相争行为，致使军事行动难以一致，最终才难逃败亡的命运。因此，秦国能胜，一方面虽有自身改革的功劳，另一方面也正好遇上了魏国多事之秋。

少梁之战是险胜的。它并没有给秦人带来太多的兴奋，相反地，它给秦人带来的是警示：在魏国无法全身心抵抗自己的同时，自己还只能以低空飞过的姿态获得胜利。这个警示让秦人明白，秦献公的改革虽好，却仍然具有局限性。因此，若要继续胜利下去，秦国的改革就必须继续,秦国的发展就必须继续。

可是,少梁之战后不久,秦献公便带着未能继续发展秦国的遗憾离开了人间。秦献公作为一个出色的政治家,他的出现为秦国带来了一个转折点,顺利终止了秦国沦落的脚步,成为秦国实现再度崛起的奠基人。

秦献公为秦国的发展作出了巨大的贡献,因此他的死换来了秦人们的痛苦哀悼。在秦献公去世的那天,秦国上下无不感到心痛。秦国好不容易遇上一个明君,为什么上天就要将他给带走呢?秦人的呼唤感天动地,也因此进入了一个年轻人的耳朵里。这个年轻人二十岁左右,眼神隐约间可见先祖秦穆公的刚毅。当这位年轻人听见了秦人们的哭声时,他才明白自己肩上的担子有多么的重。

这个年轻人叫嬴渠梁,是秦献公的儿子。献公死后由他来继承献公的位子。嬴渠梁接过秦国的时候,早有秦献公在自己前面开创了一条改革的道路,因此不至于上位时手忙脚乱。但是,秦国在秦献公时的改革具有不彻底性,因此秦国便没有真正实现富强的目标。而在秦献公死后,诸侯们更看不起他这个二十岁的年轻人。因此,此时的诸侯并没有给嬴渠梁好的眼色看。看来,对于秦国,嬴渠梁任重而道远。

幸好,这个嬴渠梁是个不甘心让人看扁的人物。当时,中原的各诸侯都将秦国看作夷狄之族。要知道,这种轻视在当时是很严重的。孔子就曾说过一句话:"夷狄之有君,不如华夏之无君。"可见夷狄在中原文明人士的眼里,实和野蛮人毫无差别。因此,面对众诸侯的轻视,嬴渠梁感到愤怒异常。为此,他愤然喊出:"诸侯卑秦,丑莫大焉。"(《史记·秦本纪》)

这声呐喊代表了当时秦人的心声。远在西北的秦国在多年积弱下,国力大降。后虽有秦献公的努力,从而争取到周王室的支持,但中原诸侯对此显然不屑一顾。因此秦人们无不希望有一个统治者能为自己正名,能为自己向世人证明:秦人并非夷狄之辈!

当然,有心不代表有力。当嬴渠梁继承了他父亲的位子时,他的手脚是颤抖的,他的眼神是恍惚的。整个秦国在他的脚下好像微微地摇晃着,他从来都没有信心让这个国家稳稳地站立起来。但是,既然自己已经被赋予了这个使命,那么自己就有义务去完成它。

嬴渠梁怀着激动的心情和不安的颤抖,在大臣和百姓们的注视之下,登上了秦国的最高位。几年后,这个年轻人将在秦国做出一番轰动的事业来,这番轰动的事业使得秦国真正实现了富强,为秦国后来的统一之路开辟了一个起点。

变法就是图强

秦孝公三年(公元前359年),当秦孝公遇上了商鞅后,一代明君搭配贤臣的佳话便由此流传,一幕震人心魄的火花便由此燃放,一颗丰硕的果实便由此盛开。一场轰动的变法,已经准备在秦国掀起了它的开幕式。

商鞅为秦孝公制定的变法大致有以下内容。

第一,颁布法律,制定连坐。连坐即一家有罪而九家相揭发,若不揭发,则十家连坐。将一个小系统结为一个法律体系,有利于彼此之间互相监督,从而贯彻法的实施。作为一个法家代表人物,商鞅对于法律的强硬性是很看重的。有一次,商鞅在渭河边上对700多名囚犯判决,以雷霆手段用大刑伺候,以至渭水尽赤、号哭震天,令人不寒而栗。由此便可看出商鞅抱着多大的决心在秦国变法,而对此不加干涉的秦孝公,其决心也可见一斑。

第二,奖励军功,禁止私斗。对于军功的奖励,一方面激励了士兵为国作战的雄心,另一方面也打击了贵族的特权。在贵族势力猖獗的时代,对于官位的垄断使得不少有心人士被排挤到官场之外,一辈子也别想踏上仕途。而军功的奖励无疑打破了这种官位垄断,那些有心人士大可以通过为国奉献的途径来增加自己的功绩。

第三,重农抑商。农业在古代是百业之本,农业的发展,基本意味着一国经济的发展。如此便可见重农的重要性。为此,商鞅还制定了"徕民"政策,即招徕三晋百姓前往秦国垦荒。当时秦国地广人稀,土地虽多但人口不足,因此商鞅才对三晋迁来的人口实行奖励政策,从而鼓励外来移民。"徕民"政策大大充实了秦国的劳动力和兵源。

第四,建立郡县制。郡县制的基本意义在于由国君直接派官吏治理,从而加强中央集权。这无疑也触动了地方贵族的利益。

以上四点是发生在秦孝公六年(公元前356年)时的变法,属于商鞅在秦国的第一次变法。这之后,为进一步释放秦国的发展力,商鞅的变法更进了一步。秦孝公十二年(公元前350年),商鞅开始废井田,开阡陌。这项制度是确立地主阶级统治最为关键的一项,它以法律形式正式确立了土地私有制,从而大大地打击了贵族的势力。

这之后,为了便于向东发展,商鞅还建议秦国将都城迁到渭河北面的咸阳(今陕西咸阳东北)。

这些只是商鞅变法中一些具有代表性意义的变法措施,除此之外,商鞅变法还有许多内容。但总的来说,这些变法都逃不出一点,即它适应了奴隶制崩溃、封建制确立的大变革时期,又反过来催化了这种变革的进展。正是这种与所处时代的相互作用,才使商鞅变法得以在日后获得它非同凡响的意义。

当然,也正是因为商鞅变法的时代意义,才使这次变法遭受了一些旧势力的抵触。以上所列出的变法,没有一条不是直抵贵族大夫们的心窝,这哪能让他们受得了?因此,早在这些变法还没有开始在秦国实行的时候,秦国的贵族大夫们便有人对此表示了反对。

旧贵族的势力以秦国的太师甘龙、左司空杜挚为代表。甘龙是秦国的世族名臣,在秦国具有足以凌驾秦孝公的威望。他曾在秦献公时辅佐献公实行新政,长期领国的他为秦献公时的发展作出了巨大的贡献。可是身为世族集团的人,甘龙难以对秦国的贫弱产生实质性的认识,因此而产生的疏离感,使甘龙注定无法在变法上继续前进。而身在这个阶层之中,也注定了他为维护自己阶层而形成的局限性。因此,甘龙虽在秦献公时支持新政,但当新政彻底触碰了他的底线时,他便无法容忍了。

当时为实行商鞅的新法,秦孝公曾开会进行一场讨论。

会上,在听完商鞅的观点后,甘龙发表了自己反对的意见。他认为"法古无过,循礼无邪",那又何必要变法呢?为此,商鞅义正词严地进行反驳:"前世不同教,何古之法?帝王不相复,何礼之循。"(《史记·商君列传》)时代都不同了,君王都不同了,还法古,还循礼?商鞅的观点明显比甘龙更有辩证的见识,国情不同,治理之法又哪能一概而论。

当听到这里的时候,甘龙看了看秦孝公的表情,发现孝公露出了赞赏的神色。于是,甘龙懂了,他明白秦孝公是支持商鞅的,自己再争辩只怕也无济于事。因此,老谋深算的甘龙决定先隐忍下来,静观时变。虽然甘龙没有直接出面表示制止,但在他暗中的支持下,商鞅的变法也受到了其他世家贵族的抵触。因此,在商鞅提出他的理念之后,又过了足足三年,商鞅才有幸在秦国施展他的毕生抱负。

在秦孝公的支持下,商鞅变法总算在秦孝公六年(公元前356年)得以在秦国国土上轰轰烈烈地开演。此时,商鞅手握改革大权,激情四射,意气风发,整个秦国仿佛成了他的舞台。站在这个偌大的施政舞台上,商鞅感到了前所未有的成就感和期待感:一个属于他的时代终于到来了!

商鞅的变法在秦国雷厉风行地展开,这之中虽有无限反对的声音传入秦孝公的耳中,但意已决的秦孝公一点也不动摇。面对着许多持反对声音的奏本,秦孝公采取了不予理睬的态度,这为商鞅的变法提供了最强有力的支持。在秦孝公和商鞅的坚持下,这次变法在秦国一直进行下去,并没有因为时间的流逝而减缓、中断。

虽然商鞅的变法为商鞅引来了无数忌恨的眼光,但它确实给秦国带来了复苏的美好景象。对农业的支持发展了秦国的经济,对军功的奖励提高了秦国军队的战斗力,而所有变法也彻底动摇了贵族势力的根基,巩固了秦国中央的权力,从而使秦国的政局恢复了安稳的景象。

第二卷
合纵连横——群雄并起中的国运较量

第一章

合纵连横：玩转四方得渔利

惠文王要当励志帝

秦孝公二十四年（公元前338年），四十四岁的秦孝公英年早逝，太子即位，是为秦惠文王。秦孝公是秦国历史上一位有作为的君主，他在秦国的崛起中起着不容忽视的作用。其最受称道的就是重用商鞅，在各种阻力之下仍支持商鞅变法。

我们知道商鞅最终被车裂，但是，我们不能否认，商鞅变法造就了秦国的富强，而商鞅的变法没有秦孝公的支持，也就无从谈起。所以当失去靠山以后，商鞅何去何从成了现下迫在眉睫的问题。

这日，多年没有出门的公子虔来到大殿，将一纸诉状送到秦王手中，却见那秦惠文王读罢，眉头紧锁。原来，这诉状中所写乃是告发商鞅与魏国通信，图谋造反，此事虽然疑点重重，却也不是毫无根据。

商鞅本是卫国人，因不受国君重用，有感怀才不遇，又赶上秦君广发请柬，招贤纳士，便入秦为相。但是，古人的乡土观念浓厚，又有那句"非我族类，其心必异"的古训，商鞅变节也不是没有可能的。

秦惠文王这样想着，心中并不愿意相信这样的事实，毕竟话又说回来了，商鞅对秦国的贡献是不容磨灭的。排除秦惠文王与商鞅的个人恩怨，秦惠文王对商鞅的才干仍然是赏识的，对商鞅此人也是愿意信任的。

话说秦惠文王与商鞅的恩怨，这要从秦惠文王为太子时说起。商鞅一入秦国，便得秦孝公重用，实行了一系列的变法措施，废井田、开阡陌，实行郡县制，奖励生产和战功，登记户口制，实行连坐之法。这些措施，对于旧贵族来说，无疑是当头一棒，利益大大受损。

对于旧贵族来说，最难以接受的莫过于爵位与俸禄的丧失，因为在变法之前，这些都是世世代代享有的政治和经济特权，贵族子孙即使对国家没有贡献与功劳也照样能够世袭特权。这样世代世袭的官制，使各阶层之间鲜有流动，更养育了一批养尊处优、不思进取的阶层。

商鞅当权以后，首先便是拿这些宗室贵族开刀，以军功为加官晋爵的依据，宗室贵族同样无功不受禄，如此一来，宗室权力衰弱，利益大大受损。随着改革的进行，商鞅与旧贵族形成了一种难以调和的对峙关系。司马迁在《史记》中评价商鞅："商君相秦十年，宗室贵族多怨望者。"

变法之初，各种阻力扑面而来，身为太子的秦惠文王在新法面前，也是利益受害者之一。不满新法的宗室贵族便联合起来，唆使太子知法犯法，年轻气盛的太子心有火气，又加上宗亲在旁煽风点火，便带头犯法了。

此时，新法刚出，刑不上大夫的理念已经被废除，天子犯法尚且与庶民同罪，太子犯法，当以律例处分。按照秦国新出律法，违法者当受黥刑。作为未来的国君，却要顶着这样的耻辱整日面见群臣，那颜面何在？

惩罚"储君"是冒天下之大不韪，但法律既出，自然也不会只是摆设。商鞅的铁腕手段尽人皆知，那么，太子犯了法应该如何处置呢？只见那商鞅大手一挥，太子不能惩罚，他的两个师傅，总可以治他们一个管教不严之罪。

商鞅命人将太子的两个师傅公子虔和公孙贾唤来，以他们代替太子治了罪，这二人一个被割掉了鼻子，一个在脸上刺了字，真是冤枉透顶。"刑其傅公子虔，黥其师公孙贾"，商鞅这一招杀鸡给猴看的戏码确实有效，如此一来，那些蠢蠢欲动的王公大臣即使心中窝着一口怨气，却也都不敢触犯新法、胡作非为了。

当时身为太子的秦惠文王虽因"储君"的身份没有被施刑，但他仍觉得脸上没有光彩。男子汉大丈夫，却让老师为自己承担罪名，让别人代为受过，这真是往脸上抹黑、丢人现眼的事情。因为此事，商鞅与秦惠文王之间的恩怨愈加复杂起来。所幸秦惠文王是一个通情达理的明君，私人恩怨其次，国家社稷为大，并没有将对商鞅的不满带到朝堂之上。

能够如秦惠文王一般恩怨分明非常人能够做到。太子傅公子虔就做不到。公子虔能够成为太子的老师，肯定不是简单人物。他因商鞅割他鼻子一事耿耿于怀。可以想象，一个很有名望的人却没有了鼻子，那是一件多么让人感到耻辱的事情。

公子虔心中的怨与恨有如滔滔江水连绵不绝，却找不到发泄的出口，毕竟商鞅当权，秦孝公是他有力的后盾。公子虔强压着心中的怒火，忍气吞声"杜门不出八年"之久，直等到他的学生秦惠文王登上王位，公子虔认为他报仇报冤的时机到了，这么多年的隐忍终于爆发。他在秦惠文王面前告发商鞅变节。

公子虔的诉状之后，纷至沓来的还有众多宗室旧贵族的上书，大好时机，有仇的报仇，有冤的报冤。众愤难平这种情形之下，秦惠文王思量片刻，为一人而令众人愤怒，这实在是划不来的交易，暂且不论商鞅是否通敌变节，先将他抓获了再说。

对于秦惠文王来说，杀商鞅以平民愤，这是一个不难的选择。此时变法已经成效显著，深入人心，没有商鞅，变法依旧会在既定的轨道上继续前行，所以并不是非商鞅不可，既然如此，他的价值也就不长远了。而宗室贵族却是不一样的，他们不仅势力强大，更有充分的利用价值。

一个国家的稳定与强大，这是多少性命，多少鲜血才换来的。对个人而言，生命诚可贵，但在国家利益面前，个人性命如蝼蚁般渺小，此时，为了国家的稳定，牺牲掉一个商鞅又算得了什么？现实就是这样残酷。

尽管商鞅对秦国忠心耿耿,更是做出了不可磨灭的贡献,为秦国吞并六国、一统天下奠定了基础。但是,在一番衡量之后,秦惠文王还是做出了杀商鞅的决定,也许对于秦国来说,这是一个不错的选择。

商鞅眼见不利局势越来越糟,又闻秦惠文王要杀自己,知在秦国已无活路,便趁着月色摸黑逃出,往魏国方向而去。一路奔波,眼见要出关了,又累得要命,便想在客栈留宿一晚,歇个脚,明日天亮了再赶路。

商鞅来到客栈,却因为没有证件而被拒之门外,一连投奔几家,皆是此种结果。依据商鞅新法,住店要出示证件,没有证件者若是被留宿了,店主也要承担相应的罪责,这就是所谓的连坐法。商鞅万般无奈,大叹一口气,心中五味俱全,悲喜交加,自己立的法,却将自己给拦住了。

商鞅拖着疲惫的身体继续赶路,入得魏国境内,却被赶了回来,商鞅曾领兵攻打魏国,魏人对商鞅甚是仇恨,哪里还会收留他?商鞅终究逃不过一死,这真是商鞅名扬于新法,死于新法,也算是冥冥之中注定的了。

对于商鞅此人的评价,历来褒贬不一,司马迁评价他:"商君,其天资刻薄人也。迹其欲干孝公以帝王术,挟持浮说,非其质矣。且所因由嬖臣,及得用,刑公子虔,欺魏将卬,不师赵良之言,亦足发明商君之少恩矣。余尝读商君开塞耕战书,与其人行事相类。卒受恶名于秦,有以也夫!"王安石评价他道:"自古驱民在信诚,一言为重百金轻。今人未可非商鞅,商鞅能令政必行。"《资治通鉴》中也提到他:"商君尤称刻薄,又处战攻之世,天下趋于诈力,犹且不敢忘信以畜其民。"

商鞅的性格之中存在着刻薄少情的一面,这是众多史家的共识。商鞅的朋友赵良也曾劝诫他留好退路,早作打算,"刑黥太子之师傅,残伤民以骏刑,是积怨蓄祸也"。但是,商鞅依旧我行我素,这也许与他所信奉的法家思想有关,他的这种性格成为造就他悲惨命运的一个因素。

不管后人如何评价他,商鞅变法对秦国的贡献却是有目共睹的。可以说,秦国的崛起与强大正是在商鞅变法之后,仅凭这一点,商鞅就足以被历史铭记,永垂不朽。

合纵连横

春秋初期,中国大地上有140多家诸侯,随着各家兼并战争的持续,诸侯国的数量锐减,到战国初期仅有二十几家。这二十几家中有七家实力最为强大,乃是秦国、齐国、赵国、魏国、韩国、楚国、燕国,史称"战国七雄"。

战国七雄使尽浑身解数,开展富国强兵的策略,在想要吞并彼此的同时又要防止被吞并掉,在这样的环境中求得生存,实属不易。各国需在加强自身实力之外,更要搞好与其他各国的关系。

国与国的关系,是一门高深的学问,尤其是在战乱充斥之时,敌友关系往往就在一念之间,而这有时却决定着一国的兴亡,所以采取什么样的外交策略便显得格外重要。《韩非子》中有"外事,大可以王,小可以安"的说法。

战国时期,最为人称道的外交策略便是合纵连横,或称纵横,这一战略持续到秦灭六国,一统天下。合纵连横主要针对秦国而生,却反被秦国利用,衍生出远交近攻的战略,完成了一统天下的大业,天数的安排有时候真的让人很是哭笑不得。

所谓合纵连横就是各国互为拉拢、互为利用,共同对抗敌国的战略。顾名思义,合纵,就是南北纵列的国家相互联合,连横,就是横向国家相互联合。

战国初期,齐国是东方大国,而秦国经历了商鞅变法以后,后来者居上,迅速崛起,成为一个独当一面的西方大国,其余五国均无法与秦国、齐国抗衡。迅速强大的秦国、齐国下一步战略必然是继续实施兼并战略，弱国将面临严峻的生存危机。

根据战国初期形势，所谓的合纵连横针对性已经十分明朗，合纵主要是对燕国、赵国、魏国、韩国与楚国而言，他们中的任何一个国家都不足以单独与秦国或者齐国抗衡。所谓唇亡齿寒，这几个弱国联合起来，共同对抗齐国、秦国，以防止被兼并反倒是明智之举。

你有张良计，我有过墙梯，合纵既出，齐国、秦国能够到今日也不是吃素的，针对合纵，出台连横战略。各国将恩怨放下，能够走到一起，无非是为更长远的利益打算，但是，没有永远的朋友，也没有永远的敌人，只有永远的利益。当利益不均或者有更大的利益诱惑之时，什么朋友与敌人都成了虚的，利益才是至高无上的，秦国或者齐国就是利用人性的这一弱点去拉拢一些弱国，加入自己的阵营中，攻打其他的弱国，达到兼并弱国的目的。

到了战国中期，随着形势的日新月异，合纵连横的针对性也在不断变化，随着商鞅变法的持续进行，秦国一国独大的局面渐渐形成，成为六国共同的威胁。面临这种新局面，其他六国调整战略，逐渐走入一个阵营，此时的秦国已成为众矢之的。

这一时期，合纵连横局势便成为六国联合共抗秦国，是为合纵，秦国拉拢弱国，各个击破，是为连横。

战国时期，有名的纵横家有苏秦、张仪，还有公孙衍。在中国古代，法律尚不健全，人治一向是主流。在人治的社会中，个人意志显得尤为重要，一个君主的才干能够决定一国的兴衰，而一批有才干的贤臣，能够将一国带入一个更高的发展层面。

我们所熟识的商鞅便是极好的一例，商鞅变法之后，秦国迅速崛起，可以说秦国一统天下的基础是商鞅变法之后奠定的。试想如果没有商鞅变法，秦灭六国，一统天下，能否成功，亦未可知，所以说个人力量是不容忽视的。

我们提到的纵横家苏秦、张仪、公孙衍却是利用三寸不烂之舌的功夫，将合纵连横的思想传播到神州大地的每一个角落，从此战国历史的色彩被他们改变了，两千多年过去了，他们的名字在史书上依然熠熠生辉。这更加让我们明了，一个人之所以能够让历史铭记，不一定因为创造出了多少有价值的物质财富，一个伟大的思想也是不可估量的贡献。

苏秦与张仪均从师于鬼谷子，鬼谷子是个颇有传奇色彩的奇人，是春秋战国时期纵横家的始祖。鬼谷子，其名王诩，常年在山中采药修道，号玄微子。王诩住在阳城山中谷地，此地林木茂盛，谷深不可测，常年无人居住，便被人称为鬼谷，王诩就自称鬼谷先生，后人便以鬼谷子相称，后人根据其言行编著而成的大作也被命名为《鬼谷子》。

据史书记载，鬼谷子上知天文，下知地理，通晓数学，熟稔人性心理，是个集各种智慧于一身的传奇人物；可以将其称为思想家、教育家、谋略家、兵家、纵横家，这么多的美誉集于一身。

这样一个具有传奇色彩的不凡人物，自然有有志之士前去投师，鬼谷子皆倾囊相教，但是，能够如他这般学尽天下智慧的少之又少，能够在一方有所作为的倒也是有的，有如孙膑与庞涓、苏秦与张仪。我们知道孙膑、庞涓是春秋战国时期有名的兵法家，孙膑还著有《孙膑兵法》一书，成为后世兵书的一个典范。苏秦与张仪二人也不是简单人物，这二人仅凭一张嘴就成为家喻户晓的人物，而他们所倡导的纵横思想则贯穿着整个战国历史。

鬼谷子除在山中修行外，还到各地去游学，可谓行万里路、读万卷书，因此他的思想皆据现实而来，非常具有实用价值。

鬼谷子死后，他的思想被留存下来，后人根据其言行编著成了《鬼谷子》一书，书中涉猎广泛，乃鬼谷子一生所得。《鬼谷子》内容丰富，包含政治、军事、外交谋略及其言谈辩论技巧，值得庆幸的是，此书被完整流传下来，这为后人研读鬼谷子提供了方便，另一方面这本书中的策略也为今日外交与商战提供了借鉴。

鬼谷子作为纵横学的始祖，他的两个弟子苏秦、张仪继承了他的衣钵，成为纵横学的倡导者。苏秦曾凭借其三寸不烂之舌游说六国，联合攻打秦国，是为合纵战术。张仪则恰恰与之相反，他凭借其谋略游说，利诱兼具威胁，将六国同盟打破，才使得秦国各个击破，终成一统大势，这其中张仪的功劳可谓极大。

尽管苏秦与张仪处在政敌的位置，但是，这二人并没有直接打过交道，因为苏秦要比张仪年长，苏秦去世时，张仪才初出茅庐，与张仪演对手戏的是公孙衍。

公孙衍，魏国人，曾入秦为官，官职犀首。有史书记载，犀首乃公孙衍号，至于犀首是公孙衍的号还是官名，各有争执，不能确定。我们更愿意相信，犀首是为官名，时人常以犀首称公孙衍，于是犀首便成了公孙衍的代名词。

公孙衍起先事秦国，后被魏国收买，便入魏为相，提出了合纵的战略，并联合燕国、赵国、韩国、楚国，连同魏国共同攻打秦国，重创秦国。

纵横家的合纵连横对当时的时局影响是非常大的，时人道："公孙衍、张仪，岂不诚大丈夫哉？一怒而诸侯惧，安居而天下熄。"能有这样的评价，也算是不枉此生了。

河西是老秦家的

秦惠公十一年(公元前389年)，秦惠公壮志踌躇，多年的养精蓄锐，终可大展身手。兵力充盈，粮草满仓，五十万大军，这样的阵容怎能不令秦惠公意气风发，他一心开往河西重镇——阴晋。让秦惠公意想不到的是，这一决策竟然成了他终生的耻辱。

河西之地与秦国仅一河之隔，乃是秦国通往中原的门户，其战略性可想而知，而河西重镇阴晋更是重中之重，秦国要想实现入主中原的野心，必须占据阴晋，乃至河西之地。这其中的原因颇多，在此举三例为证：

首先，战争需要战略物资的供给，河西是通往中原的必经之路，但是，现实情况不尽如人意，河西一直被魏国占据，唯有搬走这块绊脚石，才能打通这一战略通道。

其次，秦国与中原的商贸往来，也途经河西，而魏国一直在从中赚取渔翁之利，秦国商贸多受盘剥，早有打破这种不利局面的意图。

最后，从最基本的自保角度来说，秦国占据河西之地也是必要的。秦国有黄河之险，崤山、函谷关为屏障，但是，这均需要以河西之地为依托，所以，没有了河西之地，这一切都成了空谈，暂且不说称霸之事，尚且自保都是上天保佑了。

仅此三点，河西之地，就必须是秦国的囊中之物，但是，夺得这样一个重地绝非易事。秦国与魏国河西之争久矣，两国此地战事也不曾间断。对于魏国来说，自然也知道河西对于秦国的意义，自然不肯相让，魏国在多次倾力击退秦国之后，仍旧稳占河西。

这一年是秦惠公登上大位的第十年，这一次，秦惠公将满腔的激情倾注于攻占河西，以五十万兵力与魏争夺这一战略要地。魏以吴起为将，领五万兵力相抵挡，十比一的比例之下，秦军以绝对优势的兵力似乎胜利在握，但是，历史就是这样的出人意料又这样的大快人心，魏军竟然以少胜多，最终凯旋，成了赢家。

面临这样的结局，魏人欢呼雀跃之，秦惠公意气消沉，锐气也被杀得全无，大叹一声，满是无奈，得河西之地的愿望只有留给下一代了。

50多年过去了，秦人仍在为祖先遗愿而奋斗，这一时期形势却大变，不同往日了。商鞅变法之后，一个强大的秦国迅速崛起，到秦惠文王即位，接手的是一个成为众矢之的的强秦。虽然，秦惠文王因为政治需求车裂了商鞅，但是，商鞅变法不但没有被废除，还被继续延续，深入人心。

而此时的魏国，却是另一番情景。马陵之战，齐国、魏国交兵，魏国大败，至少十万大军被歼灭，士卒短缺，也没有像吴起这样的良将，可以说是魏国正处于内外交困的境地。

如此良机，怎能错过？秦孝公在世时，就曾多次派兵再次进攻河西，得胜而归，俘获了魏国主将公子卬、魏错，秦孝公一世，对魏国的战争屡战屡胜，其中最为有成就者当数庞城与商鞅。

秦孝公十年（公元前352年），齐国、魏国大战于桂陵，两军打得不可开交，魏国兵力皆出动，国中守军稀少，庞城趁此时机，东攻魏国。魏国见后方被秦攻打，两边受敌，却也无法分身，心中直骂秦君是个卑鄙小人。可惜，历史已经走入了战国，春秋时期的那种中规中矩的君子战争已经过时，兵不厌诈已经深入人心。

庞城顺利攻入安邑，魏国守军竖起白旗，庞城大胜而归，得魏将魏错。在庞城之后，商鞅在次年领兵再次攻打魏国，捉拿主将公子印，使魏国雪上加霜，此时，魏国主力消耗殆尽，夺回河西指日可待。

收纳河西的愿望还没有实现，秦孝公就一命呜呼了，真是"出师未捷身先死，长使英雄泪满襟"。子承父业，秦孝公死后，秦惠文王即位，即位之初，秦惠文王在旧贵族的怂恿下，将商鞅车裂后，待朝政稍作稳定，秦惠文王便再次将攻取河西之地视为心头大事。

随着秦国的日益崛起与强大，攻取河西理当成为当务之急，毕竟秦国的野心随着实力的扩大在不断膨胀，只有早日拿下河西，才能够走出关中，走向中原，与六国一决雌雄，最终完成一统天下的大业。

河西之地，秦国觊觎已久，面临秦国的野心，魏国也不曾懈怠。魏国已大不如以前，况且又有强敌齐国，两面受敌，要与秦国硬拼自然占不得上风，既是如此，那只能自保，以守为攻了。魏惠王在位时，为防止秦军前进，修建了崤山长城，但迅速崛起的秦国野心勃勃，志在必得，区区一长城，哪里能够阻挡得住他们的进攻。

商鞅死后，秦惠文王重用公孙衍。公孙衍是魏国阴晋人，战国时期有名的纵横家，主张联合诸国共同抗秦，不过这都是在其背叛秦国、投奔魏国之后的事情，此时的公孙衍对秦国还未有二心。

也许是因为时代背景使然，战国时期忠君思想并不浓厚，士人更为关注的是个人价值的实现，哪里能够提供施展才华的舞台，哪里便是效忠之地。在这种观念的指导之下，背叛时有发生。当然这也不能全部归结为时代因素，个人意志也是重要方面，为利益所诱惑而另投他主者也大有人在。

但是江山易改,本性难移,一个人若是有了背叛的前科难保他不会再次背叛。但从另一个角度看,人非圣贤,孰能无过,若是因为一次犯错,就将人的德行一概否定,这也未免太不近人情。所以说,如何对待这种贤才,那就要考验君主的慧眼了。

公孙衍本是魏人,秦惠文王将其任命为大良造,与其一同谋划攻打魏国、夺取河西之地事宜。这年是周显王三十六年(公元前333年),秦军整装待发,秦惠文王命公孙衍领兵,大举进攻魏国。只见那公孙衍号令一发,秦军便气昂昂往关外而去。

作为昔日大国的魏国,再也雄壮不起来,多年的战争,已经让它筋疲力尽了,与齐国的较量更让它穷途末路。士卒少,粮草缺,将领无能,试想这样一个魏国如何能够与赳赳强秦相抗衡?

公孙衍领兵往自己的老家气势汹汹而去,这引狼入室一词说的应该就是公孙衍这样的人,魏军不能抵挡秦军的强大攻势,只好投降,在割地等条件威逼利诱下,秦魏修好。魏国将阴晋割让给秦国,秦国自然乐意,我们前面也说了,阴晋乃是河西重镇,秦以此为依托,攻打魏国夺取河西,便是轻而易举了。河西一旦落入秦国手中,那么向东扩张,觊觎中原的梦想也就指日可待了。

阴晋既得,秦惠文王心头的一块大石头落地了,但是,人的欲望永无止境,永远无法满足。这份既得利益,不过是秦国的一个阶段性目标而已。

周显王三十九年(公元前330年),公孙衍再次领兵攻打魏国,魏国倾其兵力,不过八万余士卒,在与秦军作战中,竟有一半被杀,他们的主帅龙贾被俘。魏军群龙无首,一击即溃,秦军顷刻便取得胜利。

没有招架之力的魏国再次求和,代价是全部的河西之地,至此,河西之地终于再回秦国,秦国打开了通往中原的门户,距离梦想渐行渐近。

一张嘴说动一个国

张仪来到秦国，恰逢秦惠文王招纳贤才，张仪便毛遂自荐，在众多贤士之中脱颖而出。秦惠文王拜张仪为客卿，让其参与朝政大事，这对张仪来说是莫大的荣誉，张仪也不失所望，初入秦国，便拆穿了公孙衍进攻西戎的计谋。

担任秦国客卿以后，张仪的韬略慢慢展现出来，秦惠文王对他也愈加信任，让其直接参与朝政。此时的张仪却饱受着内心的煎熬，聪明如张仪，自然知道苏秦将自己送来秦国的目的，然而，转念一想便是秦惠文王那满是期待的眼神，这种进退维谷的境地真是让张仪左右为难。

张仪不过是苏秦安插在秦国的一个卧底，苏秦一向主张合纵，联合各国共同对抗不断强大的秦国，将张仪送往秦国是他的一步棋，待张仪取得秦惠文王的信任，便可里应外合，收到事半功倍的效果。

站在张仪的立场，忠诚于秦国是一个不错的选择，毕竟秦国是一个可以施展抱负的大舞台。张仪空有满腹才华，无处施展，这么一个千载难逢的大好机会，他不会错过，也不能错过。

张仪是一匹脱了缰的野马，苏秦已经不能驾驭，当张仪飞黄腾达，眼中只有秦国的时候，苏秦不得不为他当年的这一步棋而后悔莫及，只有空感叹养虎为患了。

苏秦搬起石头砸了自己的脚，有得懊恼了，张仪却已经在秦惠文王给予的平台上开始施展着自己的才华。如何破解六国合纵是当前迫在眉睫的难题，张仪也不食言，暂时没有打赵国的主意，毕竟还有苏秦的一份情谊在。

六国同盟形成了一个坚固的链条，要打破这样一个链条，需找到一个薄弱环节，从中将其截断，然后各个击破，张仪把矛头指向了自己的家乡——魏国，那里经历了一场场的战争，却是无甚成果，此时的魏国兵力大减、士气低落，可谓是内外交困。另外，魏国还是秦国的邻国，秦国若是舍近求远，攻打其他国家，恐怕魏国会乘人之危。最后，魏国毕竟是昔日大国，若不趁其虚弱之时给予重挫，恐怕日后留有后患，更难以对付。

种种的局势让张仪把大刀指向了魏国，张仪按照计划一步一步将魏国拉入设置的陷阱之中。这年是周显王四十一年（公元前328年），张仪在做足了准备之后领兵攻打魏国蒲阳，蒲阳被攻下，张仪却做了一个让众人大跌眼镜的决定。

张仪向秦惠文王进言，将蒲阳归还魏国，以此为诱饵，获取更大的利益。这样的决定在当时朝中犹如巨石一般激起了层层波浪，更多的是不解与鄙夷。对于张仪来说，却是毋庸置疑的肯定，张仪有信心凭借他的三寸不烂之舌，定可以捞取更大的利益。

"用人不疑，疑人不用"这话在秦惠文王身上非常恰当，秦惠文王将此事交给张仪全权处理，并不过多干涉。可以想象，秦惠文王的这份信任，只会让张仪更加卖力为其效力。蒲阳归还魏国以后，张仪便进入魏国，要挟更大利益。

魏国战败，魏王正为丧失蒲阳而心痛时，却又听闻秦国将蒲阳归还了。魏王有些丈二和尚摸不着头脑，最先的反应便是惊喜，但是惊喜过后，紧接而来的却是一股不祥的预感。魏国与秦国相邻，素来为土地争得死去活来，两国的战争持续了几代人，此次，秦国却大发慈悲，将得来的战果返还，必然有着其他意图。

魏王所想很快得到了证实，这日，魏王正在与群臣设宴，却听人来报，张仪带着公子繇去了秦国，这犹如一声霹雳，正击中了魏王的要害。真是害怕什么就来什么，这张仪此次前来，必然不会有好事。

秦国的大堂上，张仪启奏以公子繇入魏国为质子，张仪本人则担任护送使者，如此一来，入得魏国便可用他那三寸不烂之舌游说魏王。

互换质子，这看似的交好仍然不能掩盖隐藏的尖锐矛盾。而一旦沦为质子的人，便是生死未卜的结局。在古代君主妻妾成群，子孙也是数不胜数，物以稀为贵，对人来说也同理，儿子一旦多了，也就不是什么宝贝了，所以两国一旦交恶也就不会在乎质子的安危了。

秦国凯旋，却又是赔地又是送质子的，这样的做法对于秦国来说，简直就是天大的屈辱，但是，从张仪的长远之策看来，要放长线钓大鱼就必须付出一些代价。

张仪背负任务而来，自然不肯懈怠，见了魏王一番寒暄过后，便切入正题，张仪滔滔不绝，满口的大道理，却句句沁入心脾，魏王被张仪牵着鼻子走却不自知，一个外交家能有这样的才学必然在各国中游刃有余。

张仪的自信让魏王不得不正视现实，秦国是一个劲敌，要与秦国对抗不是一朝一夕的事情，而听张仪言下之意乃是两国交好，对于已经一蹶不振的魏国来说，这自然是一件求之不得的好事。魏王不是弱智，秦国能够突发善心，不可能没有来由。魏王心中想着千万般要求，不觉有些失神了。但是，张仪的一句话，魏王可是听得清清楚楚，"秦王之遇魏甚厚，魏不可以无礼"。

张仪这种说法确实有些无赖行径了，说起秦王的礼遇，那自然是将蒲阳归还魏国，但是话又说回来了，这蒲阳本就是魏国所有，秦国领兵攻占别国领地，真是狠狠地打了人家一巴掌，又塞给人家一个甜枣，却反过来说礼遇甚厚。暂且不论张仪是如何的说辞，作为外交家，张仪是成功的。魏王心动了，背叛六国同盟，加入秦国阵营，这是一个艰难的选择。从大局上看，脱离六国同盟者便是将六国同盟的链条拦腰斩断，这对于其他五国来说是一个重大的打击，但是，魏国毕竟与秦国邻壤，秦国出关，魏国首当其冲，魏王不得不为自己的臣民想一想。

心动的魏王，试探着向张仪询问当如何报答秦王的厚恩。大鱼已经上钩，张仪心中一喜，表面却不露声色，真是狡猾至极。张仪心中早有应对，便娓娓道来，秦王喜好土地，投其所好，给予一部分土地，秦王定然会喜不胜收，日后，合力征讨其他诸侯国，魏国的好处自然更是少不了。

魏王心中七上八下，对于土地他同样也是吝啬的，但是若真能如张仪所说，与强秦结好，共夺其他诸侯国的土地，那时候所得的土地，恐怕难以丈量了。况且，此时若不应允了张仪，秦国一怒而天下撼，后果更为严重。

这样想着，魏王心中便释然了许多，慷慨地将上郡与少梁两地献给了秦国。皆大欢喜，张仪乐呵呵地回到秦国，一笔更大的荣誉正等着他。

魏国献上郡与少梁的消息传到秦国，秦惠文王惊喜万分，张仪这一张嘴真可谓是可敌几万兵，秦惠文王对张仪更加赏识了。张仪从魏国归来，秦惠文王亲自迎接，并将其提拔为丞相，这可是莫大的荣誉。秦国丞相之位一直空缺，秦惠文王今日破天荒将张仪推到这样的位置上，真是令张仪受宠若惊。

公孙衍的合纵

张仪屡立大功，成为秦惠文王的新宠，可谓是春风得意，但是有人欢喜有人忧，秦惠文王只见新人笑，不见旧人哭。那曾风光一时的公孙衍颇有谋略，却因心术不正而备受冷落。为一时的贪念，昔日荣华富贵不再，沦落到坐冷板凳的田地。

公孙衍是天生不能安于寂寞的人，光鲜地站在舞台上是他的毕生追求，只要能够尽情演绎他的人生，公孙衍从来都不会在乎这个舞台是谁提供与给予的。

不甘于幕后的公孙衍毫不留恋地离开了，毕竟这里的舞台他已经唱不了主角，还要背负骂名。

公孙衍来到魏国，魏惠王便任其为相，被秦人冷落的公孙衍受到如此礼遇，冰冷的心顿时温暖起来，必然尽其所能，使出看家本事做出一点业绩来。确实如此，公孙衍以他对各国形势的认识与了解，很快便提出了合纵的外交战略，这一战略把矛头指向了秦国。

合纵确实是针对形势的一步高棋，若是没有张仪的连横，公孙衍以一合纵计谋定天下那也未可知。然一物克一物，历史就是在这样的阴阳相克的规律中前进。公孙衍的合纵遭遇了张仪的连横，就像无所不能吞噬的大火，遭遇了倾盆大雨，便失去了功效，我们且看这一对冤家是如何以各国为棋局来一战高低的。

张仪登上万人之上一人之下的丞相之位，成为万人瞩目的超级明星以后，便积极为连横而奔波。张仪的首要目标便是魏国，魏国是秦国出关的第一道障碍，必须搬掉这块绊脚石，以后一统天下的路途才会更加平坦。

话说这个时期的魏国，已经今非昔比，在屡战屡败之后，士气低落，到了"再而衰，三而竭"的地步。对外大片国土重镇被迫割让给秦国，使得秦国打开了入主中原的门户，魏国少了东部屏障也将赤裸裸地面对秦国。与此同时，魏国的国内政局也极为不稳定，可以说公孙衍来到魏国以后，见到的是一个内忧外患、千疮百孔的局面。面对这样一个国力衰竭的境况，要想单打独斗，独自与逐步崛起的强秦相抗争，那真是难于上青天。

鉴于此，公孙衍试图拉拢别国，共同对抗秦国。秦国入主中原，横扫六国，一统天下的野心已经初露端倪，对于其他的诸侯国来说，但凡眼光长远者，必然懂得团结自保的道理。道理很简单，做起来却没有那么容易，公孙衍的合纵之路走得异常艰难。

秦惠文王十三年（公元前325年），公孙衍入齐国，见得齐国大将田朌，向田朌推广他的合纵政策。田朌也是一个有远见的人，二人相见恨晚，一拍即合，当即决定共同攻打赵国，史书记载，"犀首、田朌欲得齐、魏之兵以伐赵。"但是，愿望是美好的，美好的愿望成为现实还需要一个艰难的过程。这二人虽然身处万人之上，但毕竟还有更大的主子罩着，出兵与否也不是他们能够拍板的。

公孙衍知田朌为难，便又道，"请国出五万人，不过五月而赵破。"五万兵力就要破赵，田朌听着有点不靠谱，公孙衍说得却简单轻松而又信誓旦旦。田朌有些迟疑，事情恐怕没有公孙衍说的那么容易，这公孙衍能否靠得住，思及此，田朌的眉头越皱越紧了。

公孙衍眼看着田朌表情变化莫测，已经明了田朌心中的顾虑，走至田朌身侧，一番低声窃语，如此这般一番，田朌恍然大悟，只是点头称是，片刻工夫，便额头舒展、喜上眉梢了。

原来，公孙衍早就有了细致缜密的打算，攻打赵国当然不是一件容易的事情，岂是靠五万兵力一朝一夕就能够攻下来的？但是，若是当真将这些实情告予国君，国君掂量轻重恐怕会有畏惧而不敢出兵。若当真如此，他们的计谋便不能得逞，只能付诸东流了。

公孙衍的目的是让魏国、齐国的国君出兵，为了达成这样一个目标，他们必须将事情说得轻巧简单，一旦出兵，就如同泼出去的水、射出去的箭，再也收不住了，而这个时候在战场上出现了危情，国君就不得不再次出兵援助。

公孙衍与田朌商讨一番，便各自劝谏国君出兵攻打赵国去了，诚如他们所料想的那样，两国国君见形势如此乐观，便应允了出兵之事。如此一来，两国国君便走入了公孙衍、田朌二人设好的一个圈套之中。

两国国君出兵以后，形势并非如同他们听到的那样，但是，继续增兵支援是他们唯一的选择。齐、魏两国联军兵分两路，左右包抄，战争形势迅速好转，赵将韩举被田朌生擒，平邑、新城迅速被占领，而公孙衍一路也是长驱直入，势如破竹，赵国大将赵护成为俘虏。

联军凯旋，一场漂亮的大战让两国国君忘却了公孙衍、田朌谎报军情的事实，公孙衍的合纵政策取得了初步成功。好的开始是成功的一半，公孙衍干劲十足，立即着手准备下一轮的合纵，他的下一个目标是把楚国拉入阵营中来，却不料半路杀出了个程咬金，事情更加曲折了。

公孙衍的合纵政策初战告捷，这引起了秦国的高度警惕，张仪的敏锐度尤为高，齐国、楚国、魏国三国一旦联合，对秦国的威胁那是不可估量的，张仪是绝对不允许这样的事情发生的，那只有先下手为强了。

张仪是纯粹的实干家，他一边命使臣前往拉拢齐、楚两国，一边又亲自领兵攻打魏国。秦国使臣到了齐、楚，会见了两国的大臣，利诱兼威逼，迫使两国断绝与魏国的友好关系，转而亲近秦国。在军事上，魏国节节败退，无奈之下，也不得不向秦国靠拢。

公孙衍联合齐国、楚国的计划失败了，但是，合纵依然是大势所趋，公孙衍在一次失败之后，并没有气馁，反倒再接再厉，发起了历史上著名的"五国相王"事件。

当魏相是个阴谋

在各大国的共同干涉之下，"五国相王"最终形同虚设，以失败告终，公孙衍的合纵政策挫折重重，前途一片晦暗。

魏惠王十三年（公元前322年）的春天，在秦国如日中天的张仪突然被免去了丞相的职位，就在众人感叹，真是伴君如伴虎，一朝欢喜一朝忧的时候，张仪起程回到了魏国，并且面见了魏惠王，转眼之间成了魏国的丞相，这其中速度真是令人吃惊，我们不得不佩服张仪的能耐。

其实，事情的发展远不是众人看到的模样，但凡有些智慧的人，不免会有疑问，张仪为秦国忠心耿耿，他的连横政策与公孙衍的合纵相生相克，也起到了立竿见影的成效，对于有功之臣，秦惠文王不可能赏罚不明，反倒以怨报恩，这其中必然有些猫腻。

本是魏人的张仪，曾经踏破铁鞋都未能入围魏国的政治中心，而今却破天荒被授予了丞相之职，这其中巨大变化，恐怕不是因为张仪的个人影响力使然。

秦国对外宣称免去了张仪的丞相之职，但是，内幕并不像表面这般简单，张仪虽然入魏，实则掌握两国相权，其目的不过是暗中为秦国服务，推行他的连横政策。魏国与秦国接壤，作为合纵政策的主要倡导者，也是合纵环节上的薄弱环节，若是能将魏国拿下，合纵就不攻自破，秦国距离统一大业也就越来越近了。

其实在拉拢魏国的道路上，张仪的政策是软硬兼施，毕竟，倚靠蛮力的损失是不可避免的，但是，必要的军事进攻又是不可或缺的。

在张仪入魏为相之前，秦国主要采取的是强硬的军事战略，张仪曾领兵猛烈攻打魏国，黄河以西地区已经没有了魏国势力，秦国占据黄河天险，可攻可守，对魏国是一个巨大的威胁。一旦打开入主中原的通道，秦国就如虎添翼，更加难以抵御。

军事上的惨败，让魏国丧失了战胜秦国的信心，就在这个时候，张仪非常适时地送上了橄榄枝。作为秦国的忠实者，张仪入魏国为丞相，魏襄王不敢懈怠，尽管他知道张仪的目的是为秦国谋取利益。

魏惠王十二年（公元前323年），在魏国被楚国打得毫无招架之力而又与齐国、秦国关系紧张之时，张仪站了出来，将齐国、楚国与魏国的执政大臣齐集挈桑，商讨为魏国调停之事。张仪的这种行为目的非常明确，讨好魏国，拉拢魏国，让魏国向秦国倾倒，一旦有了魏国这个拥护者，秦国的大国道路就容易多了。

入秦国之前，张仪已经预料到事情并不顺利，首先，他的两大政敌并不好对付。张仪主张连横，公孙衍主张合纵，这二人的敌对关系不言而喻，而魏国的当权者惠施也是合纵的忠实拥护者。张仪一入魏国，便与这二人较起了劲。

公孙衍与惠施这二人地位显赫，威信也不低，再者，他们能够爬到这样的位置，也不是普通之辈，所以要扳倒他们，恐怕不是一件容易的事情。在魏国，张仪处于一个你死我活的战场中，在这场没有硝烟的战争中，费尽心思的斗智斗勇是胜利的法宝。

魏国境内，连横派与合纵派明争暗斗之时，魏惠王一命呜呼，新君登位，这对于公孙衍与惠施来说，不是一件好事，对于这位新君，他们无法捉摸他的心思，与新君之间的信任也微不足道。更不利的是，公孙衍与惠施的合纵并没有有效地解决魏国面临的难题，更多的却是一次一次的碰壁与失败。

新君魏襄王即位以后，张仪急忙施展神通，获取魏襄王的信任。"魏国即将四分五裂。"面见魏襄王,张仪便抛出了这句毫无头绪、一点都不动听的话。初听这句话,魏襄王的脸片刻之间就变了颜色,一个完整的诸侯国在自己的手上变得四分五裂,这是多大的耻辱,死后如何见列祖列宗,任是哪一个国君也不愿意背负这样的恶名。

见魏襄王脸色大变,张仪仍旧一副泰然,不得不让看官为他捏了一把汗,自古因为一句话而惹来杀身之祸的不在少数,这生死攸关的大事,张仪怎会如此口无遮拦,但是,聪慧如张仪,自然不会将置于危险境地,张仪此话必然有他的深意。

生气归生气,魏襄王仍旧保持着作为一个君王的风度,平静一下心情,魏襄王说出了心中的疑惑。张仪的目的就在于此,他的每一句话,都指引着听者顺着他的思路前行,然后跳入他设好的圈套中而不自知。

张仪不紧不慢,徐徐道来:"魏地方不至千里,卒不过三十万。"张仪此话属实,不容魏襄王辩护。魏国在经历了多次战败以后,在黄河以西的战略要地统统丧失,而最近与楚国的战争又丧失了八个城邑。说到兵力那更不能够保障,区区三十万兵力,这样的阵容是无法与强国抗衡的。

见魏襄王不语,张仪知道说到了魏襄王的痛处,这正是张仪想要的。这样的痛楚还不够,要刺激魏襄王认清形势,还必须再加把火力,张仪接着煽风:"地四平,诸侯四通辐辏,无名山大川之限。从郑至梁二百余里,车驰人走,不待力而至。"这话主要讲魏国的地理条件不利,意思是,魏国地势平坦,没有山川作防御,四面八方的诸侯国均可以从各处攻来而不受阻挡,这样的地理条件难守难攻,稍有懈怠,便可落得四分五裂的下场。

张仪不停罗列事实,却也不全是危言耸听,魏襄王越听张仪说下去越觉得张仪所说是事实,更觉丝丝凉意涌上心头,不禁打了个寒战,魏国所处境况实在是不尽如人意,魏国以后的道路越来越艰难,魏襄王感觉身上的担子顷刻间重了许多。

眼见魏襄王脸色越来越沉重,张仪知道他的话已经奏效,这些依旧还不够，张仪仍需加大火力。"梁南与楚而不与齐，则齐攻其东；东与齐而不与赵，则赵攻其北；不合于韩，则韩攻其西；不亲于楚，则楚攻其南：此所谓四分五裂之道也。"

此处"梁"即大梁，乃是魏国都城，代指魏国。此句张仪再叙魏国所处境况之艰难，不与四方各诸侯国处理好关系，便有多处受敌的险境。

魏国的种种不利，张仪一一罗列，吊起了魏襄王急于寻求脱困办法的胃口。就在这时，张仪恰到好处地提出了他的意图，那就是与秦国合作，亲近秦国，以秦国为靠山，那么周围各国便有所顾忌，不敢轻举妄动了。

这是一个诱人的提议，魏襄王不能不被诱惑，在一夜的考虑之后，魏襄王放弃了公孙衍的合纵，转而支持张仪联合秦国攻打其他诸侯的政策，这是一个迫不得已的抉择，注定也是不会长久的。

魏国通过张仪与秦国结为同盟。秦国拉拢魏国的计谋成功，便利用魏国开始了他的新一轮的扩张，尽管道路是曲折的，但是前途一片光明的。

第二章

诸侯暗战：风雨交加的嗜血年代

合纵再起

在张仪一番唇舌之下，事实非常残酷地摆在了眼前，不容逃避，而硬拼蛮干却注定是于事无补的，在这种境地之下，魏王屈服了。张仪作为牵线者，充当了使者的角色，通过张仪，魏国与秦国成为一个战线。

　　魏王被迫屈服，却也有他自己的打算，那就是利用秦国的力量来抵挡齐、楚两个大国。事实证明，魏王的如意算盘跟秦国的意图背道而驰。秦国关心的只是他的连横，魏国只是第一步棋，接下来就是吸收韩国乃至更多的国家加入他的阵营。确实如此，韩国很快也加入了他们的阵营。我们不得不承认，魏国、韩国也有苦衷，那就是秦国的不可一世。因此当秦国失利时，这种同盟就显得尤为不稳定。

　　魏国、韩国被拉入同一阵营，秦国心头的一块石头落地了，路一步一步地走，目标一个一个地实现，秦国将下一个目标投向了齐国。齐国、楚国是可与秦国同日而语的大国，在尚能够与秦国对抗之前，他们自然是不肯轻易投降的。

　　秦国要攻打齐国，要途经魏国、韩国，而将这两个国家拉入自己的阵营，已经为攻打齐国铺好了道路，看来，对于秦国来说，这是一场志在必得的战争。但是，事情并没有计划得那么顺利，齐威王不是一个好惹的主儿，在齐国顽强的抵抗之下，秦军大败，这样的结局是秦国所始料未及的，而随之而来秦魏同盟也开始动摇。

　　前面我们讲过，魏王是在迫不得已的情况下屈服，通过张仪与秦国结盟，而齐国、秦国一战让魏王重新看到了希望。魏国处于困境之中，其他诸侯国又何尝不是？而秦国也不是坚不可摧，不可战胜的。

　　秦国战败，是张仪连横政策一大失败，张仪狠狠摔了一跤，紧接而来的是形势的变化，魏国境内主张合纵政策的势力见有机可乘，又纷纷抬头，活跃起来。

　　自从张仪掌权，公孙衍为首主张合纵的谋士便低调行事，伺机东山再起，此次，连横遭遇挫折，给了他们机会，魏国境内有一批主张亲齐的势力不失时机地活跃起来，而与此同时，齐国、楚国要求驱逐张仪，再谈合纵。

　　公孙衍能够与张仪成为政敌，自然也不是简单人物。张仪来到魏国的所作所为，均被公孙衍看在眼里、恨在心里，只是一朝失势而已。

但是形势旦夕即变，公孙衍唯有耐心等待，然后再恰当时机地采取行动。

见有机可乘，公孙衍再次站了起来，准备给张仪一个下马威，将其赶走，为此，公孙衍开始了造谣生事的一系列举动。公孙衍先是秘密派人到韩国，送去了机密小道消息，秦国、魏国结盟的真正的目的乃是联合起来，共同对抗韩国。这一消息犹如一块巨石，在韩国激起了千层浪，谣言四起，人心躁动起来。

公孙衍所说虽无真凭实据，却也并非空穴来风，因而十分具有说服力。秦国野心勃勃，路人皆知，其问鼎中原的志向已经不是什么秘密了，只是多年来，秦国均未能如愿，不过是因为秦国地处关内，外有大国魏国阻挡，现今魏国虽然已经威风不如往日，但是瘦死的骆驼比马大，有魏国这块绊脚石存在，秦国入主中原的日期就得推迟。

现下，秦国与魏国结为同盟，秦国东进不但不会有阻碍，还会有魏国的相助，而韩国首当其冲。所以这样的形势，对韩国是十分不利的，可是韩宣王认贼作父，甘于当秦国小弟，是极为不明智的。

韩国重臣公叔本就不赞成与秦国结盟，这下更有了反对的理由，韩国境内驱逐张仪的呼声高涨起来。公叔在与公孙衍的频繁交往中，对公孙衍的才华十分赏识，常常宴请公孙衍，商讨国家大事，有委以重任的趋势。

公孙衍针对韩国处境，提出了保韩国的万全之策，第一步就是拆散秦国与魏国的联盟。秦、魏联盟一旦被拆散，韩国就安全了，因为如此一来，魏国无暇自顾，根本无力攻打韩国，而秦国出关又有魏国抵挡，也无法攻打韩国，这可谓针对韩国与周边形势提出来的一个上策，韩宣王也不禁叫绝。

韩宣王认定了明确的目标，便马不停蹄为之奋斗，先是将国家重任委以公孙衍，随后又任其为相国，全权办理外交事务。公孙衍大展身手的时候到了，他将一贯倡导的合纵政策再次拿上台面。此次，他的意图首先拉拢齐国，齐、韩结盟以后，凭借齐国、楚国的铁杆关系，楚国必然加入进来，赵国、燕国自然也会很识相地尾随而至，这一计策不仅完美，而且可行。

其实，不需要公孙衍的拉拢，齐国、楚国就已经与秦、魏联盟势不两立了。秦国、魏国的结盟，让齐国、楚国甚是不安，对他们来说，一个秦国就已经难以应对，再加上魏国，那更是雪上加霜。齐国、楚国公开反对张仪，要求公孙衍担任魏国丞相，在这样的呼声之下，魏王开始动摇。

面临这样的压力，张仪知道已经大失君心，唯有加快让魏王投向秦国的进程。面临张仪咄咄逼人要求魏国投降秦国的建议，魏王更加反感，不满情绪终于爆发，最终下令驱逐张仪。

入魏四年之后，张仪在一阵唾骂声中灰溜溜地回到了秦国，到了秦国的张仪，仍是一个香饽饽，受到秦惠文王的重用。尽管遭到暂时的失败，张仪发扬连横的决心仍然没有改变，而事实也证明，连横仍旧是一个不错的出路。

秦国见张仪的连横政策没能奏效，软的不行只能来硬的了，秦惠文王出兵攻打魏国。秦军气势汹汹，以咄咄逼人的姿态开进魏国，这个时候，公孙衍挺身而出，再倡合纵，这一主张立即得到了东方各国的支持，毕竟强秦都打到家门口了，再不联合起来，就只等亡国了。

公孙衍一时之间成了人人敬仰的大人物，齐国、楚国、赵国、燕国纷纷邀请他参与各国决策大事。魏王见形势如此，也不甘于人后，对公孙衍的态度也来了个大转变，让其主持魏国政事，并授予丞相一职，公孙衍春风得意，往来于东方各国之间，均被视为上宾，一时之间好不风光。

在公孙衍的倡导下，东方各国的合纵联盟再次形成，此次联盟有六个国家：楚国、齐国、赵国、韩国、燕国、义渠。前面五国我们都有提到，暂且放置一边，话说义渠，乃是西方少数民族政权，与秦国相邻，而两国时战时和，关系十分不稳定。当年义渠内乱，秦国趁此时机攻入义渠，一举拿下，自此义渠成为秦国的属地，但是这种隶属关系同样是十分不稳定的，秦国不得不随时应对义渠的叛乱。

公孙衍能够将义渠拉入六国阵营，这是走得非常有战略意义的一步棋。义渠在秦国后方，秦国东进不得不有所顾忌，而东方各国又可与义渠形成东西夹击之势，对秦国是一个重大的威胁。

六国同盟以楚怀王为纵长，初具规模，公孙衍的合纵政策小有成就。但是这一看似强大的联盟实质上矛盾重重，这注定了此次合纵的结局。

团结才有力量

团结就是力量，在个性化张扬的今天，它仍旧是一个法宝。团结，一切困难都可以迎刃而解，团结，任何敌人都不在话下，一个组织没有了团结，就如同一盘散沙，终究端不起来，成不了事。

天时不如地利，地利不如人和，只有团结的力量才能撑起一片天。当一个诸侯国遭遇了六个诸侯国，结局却是那么的出人意料，更加验证了这句话的真理性。

公孙衍登上魏国相位，轰轰烈烈地以掩耳不及迅雷之势组织起了合纵同盟，非常漂亮地打了一个翻身仗。政敌张仪灰溜溜地回到秦国，对秦惠文王满是歉意，所幸秦惠文王没有跟张仪计较，仍旧对其委以重任。

公孙衍恰到时机地一声号召，引东方各国纷纷响应，事情进展顺利，不论是公孙衍还是各国诸侯王对此次合纵均寄予极大的希望。但是，嘴巴上的支持不过是张张嘴的事情，一旦到真的需要拿出实力真刀实枪要上阵的时候，当真有不少的退却者。

秦国张仪的连横拉拢政策以失败告终，秦惠文王心中不痛快，敬酒不吃吃罚酒，只有给他们一点颜色看看，让他们知道厉害，方能迫使他们屈服。秦惠文王发兵往西攻打义渠，往东攻打魏国、韩国，其咄咄逼人的气势让六国加快了合纵的步伐，并推举楚国国君楚怀王为纵长，准备以联军之力共抗秦国，史称"五国伐秦"。

"五国伐秦"的说法是一种非常流行的说辞,实际上,根据后人的研究与总结,此次伐秦参与者是六国,分别是魏国、齐国、楚国、韩国、燕国和赵国。这种说法在《战国策·魏策一》得到证实,而在《史记·楚世家》之中,也有这样的记载"山东六国共攻秦"。

流行版的"五国伐秦"之中没有魏国,这种说法跟常理亦有相悖之处,一方面,公孙衍在组织合纵期间,乃是魏国丞相,他组织合纵,必然是受到魏王的许可的,若是他的合纵同盟之中没有魏国的参与,这于情于理都说不通。另一方面,魏国将张仪驱逐,这本身就意味着与秦国翻脸,魏王不可能不入合纵同盟寻求庇护,从这两方面讲,魏国是参与了伐秦同盟的。

秦国已经在函谷关做好了应战准备,而合纵同盟这边仍旧没有做好出兵的准备,究其原因仍是"利益"二字。各国利害不同,各国君主又有各自的打算,所以没有触及实际利益,而又不是那么迫在眉睫的诸侯国均不愿意多出兵,这样同盟之间互相推诿,人心涣散,成了一盘散沙,迟迟难以集齐军队出兵,最终,战场上的有生力量也只有韩国、赵国、魏国的军队而已。

在漫长的整军之后,联军出发了,浩浩荡荡赶往函谷关,却被早已恭候多时的秦军当头痛击,联军组织混乱,不堪一击,一时之间就失去了纪律,落荒而逃者、踟蹰不前者不计其数。诸侯各国均不愿意多出力,彼此之间的矛盾更加尖锐,反倒自乱了手脚。

魏国损失惨重,不愿意再战,便转而向秦国求和,其他五国见状也不再恋战,纷纷撤退,联军最后竟然演化到了不攻自破的境地,真是可悲。

楚国作为实力最强者,而楚怀王又作为纵长,却没有撑起大旗,起到顶梁柱的作用。其实,在被授予纵长这样的荣职之后,楚怀王的态度是非常积极的,楚国抵抗秦国的决心也是非常坚定的,但是随着战争形势的发展,向失利发展的趋势越来越明显,楚怀王不得不为自己的国家优先考虑。

在这样的关键时刻，主事的魏国、楚国先后退缩，向秦国竖起白旗，摇尾乞降，韩国、赵国均是不能与强秦相匹敌的小国，这样的形势就注定了联军的失败。六个诸侯国，这是一个非常强大的实体，若是论实力，秦国焉能相比？但是失败的结局就明明白白摆在了那里，这其中道理无外乎各自为政，不能团结。

面临惨败的结局，六国本当反思，但是，让人遗憾的是战败之后，联盟之中充斥的满是投降的气息。魏国、楚国一马当先，带了一个投降的"好头"。这两个大国是合纵联盟的重头，他们一投降，其他诸侯国也就退缩了，不过这其中也有特例，赵国就是一个。

周慎靓王四年（公元前317年），也就是秦军与联军开战的第二年，魏国投降，秦军以庶长樗里疾为主将，领兵乘胜追击，再攻联军。两军在修鱼交锋，联军大败，被斩首八万有余，韩国将领申差也被俘，联军投降，只有赵国应战，不肯屈服。

赵国不肯求和，战争仍在继续，这个时候出现了极其戏剧化的一幕。秦国继续追击赵国，而本是合纵同盟国的齐国竟然也加入了攻打赵国的行列，这样一来，形势全乱了，合纵同盟竟然自相残杀了。

齐国是个大国，因为与楚国的联盟关系被拉入了合纵联盟，在与秦国的战争中，一直低调行事，不肯多出力。而此时，见赵国被秦军追得抱头鼠窜，转而落井下石，背叛了联盟，这种乘人之危的卑鄙行径十分让人气愤。

齐国为什么在赵国落难的时候雪上加霜？这其中缘由不过就是想从中分一杯羹，夺取赵国一块领地罢了。齐国与秦国一向势不两立，都有争夺霸主的志向，一山不容二虎，两国均在较劲，扩张领地，强国壮兵。眼见赵国穷途末路，便想轻而易举从同盟诸侯身上吸一点血，壮大自己。

没有永远的朋友，只有永远的利益。因为利益，朋友成了敌人。赵国本就势单力薄，哪里招架得住两个大国的进攻，最终还是屈服了。最为顽强的赵国投降了，六国合纵联盟彻底失败了，公孙衍眼见着这些，估计要气得瘫坐在地上。

六国伐秦以失败告终，这是公孙衍合纵政策的又一次失败，有人说，合纵政策的实践虽然遭遇了多次失败，但是并不意味着合纵政策是错误的，从理论上讲，合纵是符合当时各国国情与实际的。

确实，合纵政策是一个弱小国家求生存的完美战略，但是，理论与现实总是存在很大差距，一个好的理论不能很好地融入实践之中如何称为成功的理论。也有人说，如若各国真能够很好地履行公孙衍的合纵政策，真正团结起来，共同对抗秦国，那么天下形势便不会如此。但是，历史不是舞台剧，不能重演，事实就摆在那里。

武王的彪悍人生

秦国蒸蒸日上，野心勃勃的秦惠文王据有巴蜀，打开了楚国的西南大门，一步一步向着他"一统天下"的梦想前进着，蜀地却在这个时候发生了叛乱。秦安插在蜀地以监视蜀侯的蜀相陈庄发动叛乱，拥兵自重的陈庄杀死蜀侯，还向秦国邀功，请求封赏。眼见陈庄在蜀地作威作福，俨然成了蜀国新主，而脱离秦国附属的趋势也日益显现，秦惠文王甚是担忧，这是一颗眼中钉，必须拔除。

巴蜀的战略位置十分重要，一方面，此地在楚国的后方，可方便对楚国形成包抄之势，另一方面，此地山川险要，易守难攻，一旦失去，再想夺回，如果没有恰当的机缘，那是非常困难的。正所谓蜀道难，难于上青天。对于蜀地的叛乱，秦惠文王十分重视，正准备对其用兵，却病倒在床。岁月不饶人，秦惠文王走南闯北也劳累了，况且病来如山倒，病去如抽丝，秦惠文王这一病，就再也没有起来。

病榻之上，秦惠文王交代后事，立下遗嘱，然后一命呜呼。秦惠文王从周显王三十一年（公元前338年）即位到周赧王四年（公元前311年）去世，在位二十七年，这期间正是秦国崛起之时。

从车裂商鞅却仍延续商鞅变法，到重用张仪实施连横，再到后来打通中原通道，夺取魏国领地，最后攻占巴蜀，占领汉中要地，这是秦国政策的一个重要转变。这一时期,秦国战略从国内的改革变法转向对外扩张,领土面积在这一时期扩大了数倍,而关中之地与巴蜀之地不但有"天府之国"的美称,更是秦国一统天下的两个重要根据地,这为秦国之后兼并六国、一统天下奠定了坚实的基础。

秦惠文王死后,秦国崛起之路并没有因此而止步。依照秦惠文王遗嘱,太子即位,是为秦武王。秦武王,名荡,秦惠文王之子。荡这个名字,寄予了秦惠文王对儿子的期望,更是秦国历代君主的期望,那就是称霸中原,荡平天下,只是不知道秦武王能否担负起秦国祖祖辈辈的期望。

秦武王即位时仅有十八岁,放到现在,这个年纪仍旧是个孩子贪玩的年纪,但是秦武王已经担负起一个诸侯国一统天下的重担。秦武王英年早逝,年仅二十三岁,却在史书上留下了不少的印迹。

秦武王即位之初,面临着众多的内忧外患。新君登基,政局不稳,这很容易给别国有机可乘,特别是周边各国。秦武王登基之时,齐国、楚国、韩国、魏国、越国纷纷派使臣前来祝贺,各国使者承担使命而来,名为祝贺,实则各怀鬼胎,互为牵制,伺机而动。

秦武王尚年幼,却已不是一个一心贪玩的孩子了,况且还有身边诸谋臣的辅佐,对于各国心思,秦武王也是略知一二的。对于这场各国使臣俱赴的盛宴,秦国有自己的打算,各国使者纷至沓来,恰为秦武王提供了一个联络有利诸侯国对抗共同敌人的机会。

秦武王首先将目标投向了越国,作为春秋时期的最后一霸,越国虽然在进入战国以后未能进入七雄榜单,但越国的实力仍旧不容小觑。作为东南地区第二大国,越国与楚国的恩怨那就不言而喻了。

楚国、越国在东南分庭抗礼,楚国一心想要吞并越国,而越国也意图蚕食楚国,取代楚国位置。但是,两诸侯国相抗多年,双方各有胜负,吞并蚕食彼此的愿望也一直没有实现。多年的敌对,让这两个诸侯国成为世仇,鉴于此,秦武王准备抓住时机,再给楚国一次重击。

越国使者来到以后,秦武王将其视为上宾,并亲自接见,越国虽大,但远不及秦国,越国使臣能得到如此待遇,可见秦武王的重视程度之大。秦武王与越国使者大谈天下形势,再叙秦国与越国旧情,最后秦武王提出结盟共攻楚国的提议,此提议一出,便得到了越国使者的赞同。最后,越国与秦国达成共识,共同夹击楚国。

楚国的危机解除,韩国、魏国开始虎视眈眈,妄图趁秦国新君初立,政局变动之时攻打秦国。对于这一危机,秦国将如何化解关系重大。秦武王首先与齐国搞好关系,对齐国处处拉拢,其实自从齐楚同盟破裂以后,齐国已经逐渐倾向于秦国。在与齐国搞好关系的同时,秦武王还让叔父樗里疾接待韩国使者。

至于为什么让樗里疾接待韩国使者,这里面大有文章。樗里疾是秦惠文王的异母胞弟,他的母亲是韩国人,因为这层关系,樗里疾承担起再叙秦、韩之好,拉近与韩国的关系的作用。

对于魏国,秦武王拉拢齐国共同向其施压,如此一来,魏国也不敢轻举妄动了,秦武王通过一系列的外交政策,终于稳住了周边各国。当然,这些只是缓兵之策,并不能在根本上杜绝外患,但在秦国新君初立之时,处理好周边各国的关系,为秦国稳定国内局势争取了足够的时间。

秦武王在即位之初,就通过外交手段拉拢各国,免去了秦国遭遇乘人之危的险况。一个不满二十的少年能做到如此,不免让我们生出赞叹之情,也不免想要对秦武王有更进一步的了解。

观史书,最充满趣味性的莫不是对秦武王喜好的记载。秦武王是个忠实的尚武主义者,此人威猛雄壮,史称有神力,这是秦武王非常值得炫耀的绝技,但是具有戏剧化的是,秦武王也正是丧命于此,这真是应了那句福祸相依的古训。

在靠武力说话的战国时代,尚武这也不是一件坏事,但是也要懂得过犹不及。秦武王有神力,便常常以比试力气为乐,对于同道中人也是惺惺相惜,或者将其提拔为将领,或者将其置于身边,这在中国历史上也算是一朵奇葩了。在此我们不得不说说乌获、任鄙与孟贲(字说)这三人了,《史记·秦本纪》有记载:"武王有力好戏,力士任鄙、乌获、孟说皆至大官。"都说"四肢发达,头脑简单",放在战国这个战火频仍的时代,"力气大"还能当官,也不是一无是处。

对于乌获,他在秦武王在位期间有什么功绩,我们历观史书也没有找到记载,但是,他力气大的事实是存在的,至于他的力气究竟有多大,史书中并没有明确的记载。据《战国策·燕策》所记:"今夫乌获举千钧之重,行年八十而求扶持。"而《商君书·错法》也有类似的记载:"乌获举千钧之重,而不能以多力易人。"

这千钧到底是有多重,我们可以换算一下,根据今日计量,一钧为三十斤,这千钧就是三万斤,能举起三万斤这是不可能的,这只能说史书中记载的只是夸大之说,不过乌获力气大看来却是毋庸置疑的。

任鄙也是当时有名的大力士,时有秦人谚语:"力则任鄙,智则樗里。"《韩非子·守道》,也称:"用力者为任鄙,战如贲育,中为金石,则君人者高枕而守己完矣。"可见,任鄙也是大力士中的佼佼者。

孟贲,字说,齐国人,也是因为力气大而得福,但正如我们前面所说的,福祸相依,孟贲因为力气大而荣华富贵,却也因此而赔进了一族人的性命,有点得不偿失了,这个我们暂且不说。

对于孟贲,《东周列国志》有这样的描述:"有齐人孟贲字说,以力闻,水行不避蛟龙,陆行不避虎狼,发怒吐气,声响动天。尝于野外见两牛相斗,孟贲从中以手分之,一牛伏地,一牛犹触不止。贲怒,左右按牛头,以右手拔其角,角出牛死。"

这里没有说孟贲能举多少斤,却给我们呈现了一个故事,足以令人震撼。徒手将打斗中的两头牛分开,并将一头不驯服的牛的牛角拔下来,这可不是常人所为,足见此人的神力,现代人徒手也就拔萝卜算可以了。

任鄙、乌获、孟说三人均因为力大无比而被武王重用,我们的惊愕之情猛然陡升,秦武王终究是个常人,将个人喜好带入政治,最终也在这一喜好上栽了一个大大的跟头,命丧黄泉,徒留惋惜。

第三章

计谋楚赵:我要你们的地盘

楚国首都陷落记

秦、楚两国的关系一直都较为复杂,可谓亦敌亦友。春秋时期,楚国可以说是南方的强国,尤其是在秦昭襄王元年(公元前306年)吞并了越国之后,中国南方的领土几乎收归楚国名下。这时的楚国不仅土地辽阔,人口也急剧攀升,军事实力也日益强大。

吴起在楚国变法之后,楚国的势力日益强大,诸侯"患楚之强",希望奉其为合纵首领。楚怀王十一年(公元前318年),在楚国的带领下,五国合纵攻秦。但因为诸国间的利益纠葛,楚国与秦国的战争多以楚败而终。

楚怀王时期,秦相张仪奉命入楚。张仪巧舌如簧,用"六百里之地"骗怀王与齐国断交,引发了秦楚大战。在这次战争中,秦国大胜,齐楚联盟丢城失地,各国的格局出现了新的面貌。秦楚就一直这样战战合合。直到昭襄王二十七年(公元前280年)前后,秦国将战略进攻重点转移到了楚国,在两年时间里,先后攻下了上庸、鄢、邓等地。

昭襄王二十八年(公元前279年),秦国派大将白起率秦军从汉中出发,沿汉水来到了楚国的咽喉重地——邓城。此时楚国新主刚立,政局不稳,再加之忠臣被逐,令尹子兰乱政,正是一举攻克它的好时机。秦军此次出兵选择了沿汉水行军,是因为汉水两地富庶,秦军可以随时补充粮草。不仅如此,每经过一条河,白起就下令拆桥、烧船、丝毫不留后路。秦军将士见主帅态度如此坚决，也不觉提高了士气，浩浩荡荡向楚国开来。

此时的楚国根本无力对抗秦国，白起的部队势如破竹，很快就攻下了邓城。邓城一役之后，秦军又瞄准了下一个目标，楚国的别都——鄢城。楚国的腹地在汉水两岸，也就是今天的湖北省，北边的武当山和大别山是楚国的天然屏障，邓城和鄢城就位于此。此时邓城已失，如果鄢城再不保，郢都就将面临直接的威胁。

大敌当前，楚军自然不敢怠慢。为了护卫都城，楚军精锐部队几乎都集结于此。白起命手下运来沙土，先把护城河截断，然后越过壕沟，攻打鄢城。楚国虽然实力大不如前，但鄢城毕竟是易守难攻。秦军强攻了许久，丝毫没有奏效。白起见强攻不成，就下令登城。鄢城处于山谷之间，木材十分充裕。秦军将士得令后，马上去树林中砍了许多木材，制作出了简易的梯子。这种梯子专用于攻克城楼，特点是"依云而立"，在上可以鸟瞰城中，所以被称为云梯。

楚军见秦军攻下不成，转而攻上，连忙转变了策略，调来大批的弓弩手射杀城墙上的秦军。不仅如此，楚军将士还用撞木猛撞秦军的云梯，秦人纷纷落下城头，死伤无数。秦军虽然出师不利，但白起并没有乱阵脚，他拿来地形图仔细观察，希望能够找到新的突破口。

白起发现，鄢城乃借峡谷之势而建，汉水的支流夷水途经鄢城所在的山谷，缓缓向西南方向流淌而去。白起大喜过望，决定水攻鄢城。他借着地势，修建了一条长达百里的长渠，把夷水引到了鄢城。水引来之后，白起又下令关闸蓄水，等到水量达到一定的高度后，便猛然开闸，洪水就咆哮地向鄢城涌去。

曹植《相论》这样评价白起："白起为人，头小而锐，瞳子白黑分明，顾可与持久，难与争锋。"他引夷水攻城，虽是妙计，但全然不顾城中百姓的死活，其号"人屠"由此可见一斑。鄢城一役，楚国军民死伤人数竟达十万之数。所谓"百姓随水流，死于城东者数十万，城东皆臭"，其景象可以说是惨绝人寰，而白起也因此受封为列侯。

水退之后，白起率大军进入了鄢城，稍作停留之后就火速开往两百公里外的郢都。鄢城一役的惨败，使楚人对秦军闻风丧胆，丝毫不敢抵抗，白起在前往郢都的过程中自然没有受到丝毫阻力。一路上，秦军"掠于郊野，以足军食"，连粮草之资都没有花费。

西渡漳水和睢水之后，秦军马上就拿下了西陵，郢都与西面的联系就此切断，几乎成了一座孤城。白起顺势挥师东下，来到了夷陵。在夷陵，白起放了一把火，把楚王的宗庙烧了个干干净净。眼看郢都就要不保，楚顷襄王带了亲眷连忙向东逃去，并把都城迁到了陈，也就是今天的河南淮阳。

至此，楚国都城陷落，国君出逃，天下为之震撼。秦国削弱楚国的目的也就此达到，竟陵西北的广阔土地都划入了秦国的版图，昔日的郢都也成了秦国治下的一个小郡。此次伐楚，大将白起居首功，秦昭襄王自然恩赏不尽，加封他为"武安君"。

报仇的精神力量

秦昭襄王四十一年，秦昭襄王拜魏人范雎为相，开始推行"远交近攻"的新政策。秦国的巨大政治变动震惊了各国，众人都不知道这个名叫"张禄"的人是何方神圣，也不知道自己国家的命运会在这个人手上发生怎样的改变。

范雎一上台，就开始推行他"远交近攻"的策略。从公元前266年开始，秦国用了六年的时间来打击魏国和韩国，其后就爆发了战国历史上著名的长平之战。

"远交近攻"的首要目标是魏国和韩国，其中又以魏国首当其冲。这除了因为距离的原因，或许还有范雎个人的因素在里面。

据司马迁《史记》记载，范雎恩怨分明，是个"一饭之德必偿，睚眦之怨必报"的人，之前帮助过他的郑安平和王稽都在他的推荐下做了大官。但当年在魏国之时，须贾和魏齐不分青红皂白就污蔑他叛国，对他极尽侮辱，差点弄得他丢掉性命，如此深仇大恨，范雎又怎能忘怀？"君子报仇，十年不晚"，就是因为心底的这份仇恨，范雎才忍辱负重这么多年，终于等到他成为秦相的那一天。

此时的范雎用的还是"张禄"这个假名，魏国的安釐王得知秦国来攻，不知自己做错了什么，马上派出使节前往秦国。魏国大使首先来到了新任宰相"张禄"的府邸，希望秦相能够在昭襄王面前美言几句，放过魏国。世上就是有那么多的巧合，魏安釐王这次派出的使臣不是别人，正是当年冤枉范雎的小人须贾。虽说"仇人相见，分外眼红"，但范雎以一种让须贾意料不到的方式出场了，绝对令人忍俊不禁。

须贾自然不知道秦国的丞相"张禄"就是自己当年的门客范雎，于是范雎就将计就计，换上了一套破破烂烂的行头，前去驿馆"拜访"须贾。风尘仆仆的须贾见到衣衫褴褛的范雎后大吃一惊，虽说当年是他一手将范雎害到将死的境地，但如今见范雎如此潦倒，对其十分同情，还送了范雎一件袍子，并让手下摆上酒菜。

交谈之间，须贾提及他此次来到秦国的目的，就是为了拜见丞相"张禄"，却苦于没有门路。范雎趁机告诉他，他到秦国多年，虽然境遇不佳，却与新任宰相有些瓜葛，可以为须贾引荐。须贾听他这么说，自然是喜不自禁，马上就让范雎带他去拜见丞相"张禄"。但经过多日的奔波，须贾的马车已经坏了，没有豪华的马车，怎么能进丞相府呢？范雎又一次解了须贾的燃眉之急，说他可以借到马车。

须贾就坐着范雎"借来"的马车进入了范雎的府邸，当然，他对自己将要面对的事情一无所知。来到丞相府后，范雎找了个机会进入后堂，不久之后便身着华服，在众人的簇拥之下，再次出现在须贾面前。难以想象须贾见到范雎之后的心情，此时的他只知道不停地向范雎磕头请罪。此时想请得秦相美言恐怕是不可能了，能保住自己的项上人头才是最重要的。

范雎等了多年，今天终于可以一雪前耻。他在众人面前将须贾当年所犯的罪行一一列举出来，将他骂了个狗血淋头。此后，范雎上奏秦昭襄王，改"张禄"之名为"范雎"，开始光明正大地施行自己的复仇计划。

范雎虽然有仇必报，但公是公，私是私，魏国毕竟是自己的故乡，所以他还是为魏国说了几句好话的。须贾完成了任务，自然对范雎感激涕零。临行之前，范雎在丞相府大摆筵席，美其名曰为须贾送行。须贾自然不敢怠慢，只得奉命前往。

这次的宴会办得十分隆重，来的都是各国的使节和范雎的宾客，都是地位尊贵之人。但令须贾疑惑的是，他找来找去都没有找到自己的座位。这时候，主人范雎出来了，当即就给了须贾一个难堪，让他一个人坐到廊下去。须贾这下子明白了，所谓的饯行宴其实是范雎为了羞辱他，给自己下的套，这招挺狠！

人在屋檐下，不得不低头。须贾此时受制于人，只能悻悻然地一个人坐到了廊下。没想到事情还没完，开宴之时，给须贾上的居然是一盆喂马的豆料，还让人像喂牲口一样喂他，言下之意就是说须贾是畜生。这时范雎发话了，说须贾虽然之前害他不浅，但这次见面还送了他一件袍子，可见须贾没有完全泯灭良心，所以放他一马。范雎还让须贾带个话给魏王，让他即刻把他的亲眷送到秦国来，此外还要将魏国丞相魏齐的头颅一并带来，否则秦军就要血洗大梁。

须贾听了范雎的吩咐，自然不敢怠慢，火速把这个消息传回了魏国。虽然魏齐是堂堂宰相，但软弱的魏安釐王因惧怕秦国的威势，只得牺牲魏齐一人来拯救整个国家，毕竟以魏国现在的实力与秦国抗衡，无疑是以卵击石。魏齐听说安釐王要杀他，马上收拾了东西，星夜逃亡赵国，躲在了平原君赵胜的家中。

范雎既然说了要拿魏齐的人头，就不会轻易放过他，无论他逃到天涯海角，都会取他的性命。而秦昭襄王此时也知道了这件事，他一直敬重范雎，甚至称他为"叔父"，得知范雎曾经受过这样的侮辱，他怎能不愤怒？于是昭襄王亲自修书一封，请平原君赵胜到秦国宴饮。赵胜不知是计，就来到了秦国，昭襄王马上将其扣下，要挟他交出魏齐。

赵胜毕竟还是有些骨气的，不肯屈服于秦国的威势之下。但就在赵胜与秦国交涉之际，赵惠文王也接到了昭襄王的书信，让他速速处死魏齐，否则就要出兵讨伐赵国。

赵惠文王不像赵胜如此强硬，只得听昭襄王的安排。魏齐见赵国待不下去了，就连忙逃回了魏国，希望信陵君能够保护他。可信陵君也不敢惹麻烦，根本不见他，他又逃到楚国，受到的待遇也是一样。

这回魏齐死心了，天下之大，竟没有容他之地。一气之下，他拔剑自刎，自己结束了自己的性命。魏齐死后，他的人头被人砍下送到了秦国。范雎命人将其洗净，并涂上了一层漆，做成夜壶，目的就是为了报魏齐当年羞辱他的仇。

范雎大仇已报，秦国也开始一步步蚕食周围的领土，扩大自己的势力范围。

长平成了屠宰场

秦昭襄王四十六年（公元前261年）初，昭襄王发布了一道动员全国的诏令，要以倾国之力攻赵。到了年末，秦国大军主力在左庶长王龁的带领下，向北翻越了太行山，越过安邑，浩浩荡荡地向上党走去。除了王龁一路大军之外，秦军还有一路为主力军作掩护军队，从宜阳攻打韩国的缑氏，以防韩国和魏国支援赵国。

赵国方面，赵孝成王为了抵抗秦军的来袭，在派出平原君去接管上党的同时，还派老将廉颇率赵国大军驻守在了另一个险要之地——长平。秦、赵两国在上党所倾注的兵力实在太过悬殊，于是上党马上陷入了秦军的包围中。冯亭见上党就要保不住了，就率领十七县的官员和百姓突出重围，火速向赵国奔去。赵国既然接管了上党，此时就不能坐视不管，于是将这些韩国的流亡者安置在了长平。

王龁见局势发生了变化，便马上挥师转向，率领秦军主力一步步向长平逼近。

年轻气盛的赵括一来到长平，就将廉颇之前制订的作战方案全部推翻，不仅更换了左右将领，还改变了之前的军中制度。一时间，赵军上下军心动荡,统领和将士之间离心离德,斗志大不如前。

与此同时,赵括还下令转守为攻,马上调兵遣将,准备向秦军发动攻击,夺回上党十七县。赵括此举正中白起下怀,他命令秦军佯装败退,引诱赵军出战。赵括自然不知白起是以退为进,以为秦军真的是惧怕自己的威势,于是愈加得意了,命赵军倾巢而出。秦军且战且败,一路向营垒方向退去,而赵军在后面紧追不舍。

秦军大营驻扎在一个峡谷之中,赵军一旦进了谷,就如同进入了一个大口袋。此时秦军只需将谷口守死,赵军就是腹背受敌,插翅难逃。果不其然,等到赵军气势汹汹地追着秦军进入峡谷之后,秦军的近三万骑兵便从四面八方涌了出来。秦国的骑兵部队迅速分为两路,从赵军两侧插到了赵军后方的谷口位置,将赵军整个包围了起来。此时的赵军成了瓮中之鳖,进也不是,退也不是,只能在谷中和秦军对战。

围了赵军主力之后,白起为免赵国后方来援,又派出一支由五千人组成的车骑部队赶往赵军的大营,将留守的赵军监视起来。

赵军眼见被围,顿时乱作一团,其精锐部队左右冲击,想突破秦军的包围圈。对于赵军的举动,秦国早就做好了准备,由骁勇善战的骑兵迎战赵军,以挫其兵锋,将战争主动权牢牢掌握在自己手中。

赵括见初战不利,又害怕秦军将赵军分而歼之,于是便下令将所有的部队都集结在一起,修起了防御工事,等待后方的救援。

虽然秦国方面死守消息,但赵军在长平被围的消息还是传回了邯郸。赵国君臣听说了此事后大为震惊,举国上下也是人心惶惶。经过君臣商议,认为此时最重要的就是火速派遣救援部队前去长平解救危局。赵孝成王下令,命赵国境内剩下的部队火速集结,不惜一切代价前往长平救援。

秦昭襄王得知赵国倾全国之力解救长平,也感觉到事情的严重性,或许此时就是与赵国决一死战的机会。昭襄王亲自前往河内征兵,河内十五岁以上的男丁悉数从军,前往长平参战。

这支新组建的军队由河内出发之后,没有直接参与到前方的战斗中,而是直接行军至丹朱岭。丹朱岭的位置在赵军于长平的大营之后,秦军占领了此地,就彻底地阻绝了长平的赵军和后方的联系,达到了其纵深包围的目的。

时间一直持续到了九月,此时的赵军已经被围一个半月,后方的援军根本进不了长平。粮草断绝已久的赵军只有靠吃战马和死尸来维持自己的生命,全军将士无论是身体还是精神都已经濒临崩溃。赵括知道再守下去也等不来援军,只能是坐以待毙,如果杀出重围,也许还能获得一线生机。赵括将剩下的精锐部队归拢起来,分成了四个小队,不停地突围。虽然赵国的骑兵不分昼夜地出击,想要突破包围圈,但无奈秦军的围困如同铜墙铁壁一般,根本无法轻易冲破。此时赵括身负众望,冲杀在最前方,秦军弓箭手万弩齐发,赵括最终还是战死沙场。

主帅一死,赵军失去了主心骨。奄奄一息的赵军突围无望,又无援军来救,只得放下武器,全体向秦军投降。秦军接受了赵军的投降,马上解除了赵军的武装。据记载,四十万赵军的兵器和甲胄,堆起来如同几座小山。而这几十万人的性命此时就掌握在秦将白起的手里。

白起的狠辣人尽皆知,当初秦国攻楚,水淹楚国都城的时候,死伤的军民就达十余万。此次赵国四十万俘虏落在白起手中,白起又怎会遵守"降将不杀"的原则,放过这些赵人的性命呢?当属下来征询如何处理战俘的意见时,白起说了这样一句话:"赵卒反复,非尽杀之,恐为乱。"赵人反复无常,留下来必为祸患。

就因为白起这一句话,赵国四十万俘虏全部被坑杀,秦军只将赵军中年幼之人放回,其数总共还不足三百人。至此,秦国彻彻底底地取得了长平之战的胜利。长平战败,军士被坑杀的消息传回了赵国,举国陷入了悲痛和哀悼之中。

历经长平一役,赵国元气大伤,从此一蹶不振,再也无力与秦国抗衡,而其他诸国也因此战受到巨大的威慑。至此,关东六国中实力最强的国家也退出了历史的舞台,形成了秦国一家独大的局面。

第三卷

帝国时代——铁血烽烟终成江山梦

第一章

嬴政出世：青年人的铁腕之治

这个女人不简单

秦王政自即位以来，宫中大权便掌握在"仲父"吕不韦手中。在这期间，吕不韦为秦国建立的功劳一件接着一件，其地位已然功高盖主。而随着吕不韦功绩的增加，秦王政的年龄也在增加。当秦王政明显感受到这个"仲父"所带来的威胁时，他便决定要伺机而动了。

还在吕不韦掌政的时候，秦王政便对这个"仲父"满怀着不快。一来，自然是因为吕不韦的擅权行为在秦王政眼里实属大逆不道，在他的威慑下，秦王政好像一个被捆缚的孩子一样，丝毫不得动弹。二来，自然来自坊间一些传闻，这些传闻伴随着秦王政的整个少年时期，令秦王政对此感到羞愧万分。

这些传闻便是关于秦王政的母亲赵姬的。

对于赵姬是个什么样的女人，宫内的人已经达成了一个共识——荡妇。赵姬确实是淫荡的，丝毫没有一个王太后所应该具备的端庄。当然，历史上如武则天、俄罗斯帝国的叶卡捷琳娜大帝，这两个女人的私生活也备受指责，但当她们白天回到政坛上的时候，俨然变为另一副正派的模样。而赵姬并不似这两位女皇帝，在她心里，只有女性的妖媚之道，而毫无男性以天下为己任的气魄。

正是赵姬这种狭隘的情怀，使得她在为所欲为的同时，似乎没有为自己的国家、为自己那身为一国之主的儿子进行考虑。她只在乎她的私欲，而不在乎天下百姓的所需。我们完全可以这样说，就是因为赵姬的这种狭隘，使得子楚全然无心在政坛上，而将治理国家的大权完全交付给吕不韦。也因为赵姬喜爱这种过度放荡的生活，所以子楚在王位上才会坐了短短三年便撒手人寰。

子楚死得很快，赵姬自然不甘为之守寡，让自己寂寞一世。因此，赵姬便总凭着自身权势和一些男人偷情，干一些见不得人的勾当。久而久之，总会有所疏漏。关于赵姬私生活的议论很快便在宫中偷偷地蔓延着，秦王政对此不可能毫无耳闻。当然，母亲怕寂寞去找男人，秦王政最多认为她败坏风俗，丢了王室的面子。但是，赵姬的所作所为之所以引起秦王政如此大的怒气，那是因为赵姬找的男人偏偏是他口称"仲父"的吕不韦。

当秦王政偶尔听到这种风声时，我们完全可以想象他脸上的怒色。吕不韦非但控制了本属于秦王政的权力，甚至淫乱后宫，以至于风声谣言四处传播，败坏着秦王政的名声。这时，"仲父"这个本来如此尊严的称呼，竟然成了对秦王政最大的讽刺。对此，秦王政即便再懦弱，只怕也忍不下这口气，何况他还是一个坚毅得近乎残忍的野心家。

秦王政的不悦之色必然令吕不韦有所察觉。吕不韦感到不安，就必须想个办法。但赵姬这女子对吕不韦缠着不放，又兼当时她已是太后，因此吕不韦也不敢大胆地拒绝与之交往。就在这时候，吕不韦的门客又为吕不韦解决了这个令其困扰的烦恼。

这个门客名字叫作嫪毐。嫪毐有何本领解决吕不韦的问题？难道像甘罗一样，要以一张嘴来说动赵姬，消去赵姬那心中永无止境的欲火？显然不是的。这个嫪毐的本领还真见不得阳光，按照《史记·吕不韦列传》的记载，这个嫪毐是个"大阴人"。

此后赵姬与嫪毐开始了放荡的生活。不久，这个名义上守寡的女人遇到了棘手的事——太后怀孕了！为了远离秦王政，为了隐瞒守寡太后怀孕的事情，赵姬便和吕不韦合谋，请风水师对秦王政说因为太后的寝宫风水不好，必须搬迁。然后，风水师在一番分析之下，将搬迁的目标定在了距离咸阳西北二十里处的雍宫。雍宫幽静而华丽，确实不失为一个风水宝地。当秦王政听到这件事的时候，不知道他有没有对此表示怀疑。但当时大权在吕不韦之手，又加这是攸关母后身体的事，因此秦王政不可能违背孝道拒绝。为了母亲的健康，秦王政不得不点头。于是，赵姬便搬到了雍宫，嫪毐也作为一个内侍随她而去。这时候，在秦王政的身边，已经不会再出现什么新的传闻。但在距离他二十里处的地方，传闻以真实的姿态毫无顾忌地上演着。

在欲望面前，赵姬竟然失去了母爱的仁慈，全然不顾儿子的感受。而在犯下大错之后，赵姬竟然也仍不悔改，继续让自己一错再错下去。很快，赵姬便会为自己的放肆而后悔。她的错误在于为自己的儿子培养了一个政敌，也因此在儿子心里，烙上了深深的伤痕。

秦王政权力在手

因为赵姬的放荡，也因为吕不韦的贪求方便，嫪毐一介平民，竟然得以进入宫中与太后厮混。而纸毕竟是包不住火的，秦王政不是傻瓜，他不是不知道自己的母亲背着自己在干些什么勾当。他只是在政权还没到手的时候选择了隐忍，他发誓，只要时机一到，便会立刻端了这个贼窝。

赵姬自从和嫪毐搬到雍宫后便更加放肆，仗着这个地方进出的人比较少，两人便光明正大地过着日子，俨然成了一对夫妻。对此，秦王政不是没有耳闻。对于母后的荒唐，秦王政心里自然很不是滋味，但自己羽翼未丰，只好先暂时忍耐一下。秦王政的隐忍让两人更加放肆，在他们心里，似乎一切已经是明摆在眼前的了，而秦王政这个儿子也似乎已经默认了两人的关系。因此，赵姬对于自己的怀孕不再感到担惊受怕，而嫪毐也因为自己和太后有染而骄傲自得。

在雍宫住了一段时间后，赵姬竟然先后生了两个儿子。这两个儿子的诞生并没有让赵姬感到害怕或羞愧，嫪毐因为这两个儿子而更得赵姬的宠爱。看着两个可爱的儿子，赵姬心中生起无限的幸福，她已经完全忘了眼前这两个儿子只是自己的私生子,而不是秦王政正儿八经的弟弟。

赵姬全然沉浸在幸福之中,她已经为自己建造起了一个幻想中的家庭,嫪毐是她的丈夫,他们有两个可爱的儿子。这种幸福感传染给了嫪毐,嫪毐竟然也在迷糊中感觉自己已经成了秦王政的父亲,即使不是亲生的,在伦理上,秦王政也必须叫自己一声爹。两人的这种幸福感还在增加,因为嫪毐接下去的身份将不再仅仅是一个低下的宦阉了。

因为得到赵姬越来越多的宠爱,嫪毐便有了干涉朝政的想法,起码,他希望自己能拥有一份高贵的身份地位。嫪毐有这种想法,赵姬对此并不反对,毕竟自己和嫪毐已经有了夫妻之实,为他谋个一官半职也是理所当然的事。因此,赵姬便想向秦王政为嫪毐要个职位。

这种事情必然要和吕不韦讨论。当吕不韦知道嫪毐和赵姬的想法时,可以肯定的是,他绝对不是很乐意。当初,吕不韦不过是为了图自己方便而为太后引荐嫪毐,而嫪毐的职责也不过只是为太后提供一种性爱上的服务。但如今,这两人非但生了儿子,竟然还想谋个差事。吕不韦心中必然是感到不安的,他隐约觉得,自己当初好像引狼入室。

但吕不韦不乐意也没办法,因为赵姬的态度是强硬的。吕不韦不能保证这个太后会做出什么更令人惊讶的事来,因此吕不韦也只得低下他的头颅。一向强硬的吕不韦,与赵姬的关系成了他的死穴。

在吕不韦的帮助下,嫪毐顺利地从秦王政那里得到了长信侯的封号,并领有山阳、太原等地。这次封赏是秦王政的又一次退让,他的沉默再次使嫪毐心中那放肆的火烧得更旺。嫪毐的行为从此以后已经全然脱离了单纯地为太后"服务",这种多年的"服务"给他的回报是如此巨大,以至于他已经完全有能力去拉拢自己的党羽、培养自己的势力。这是吕不韦万万想不到的事,当初那个为自己解了困的门客,原来有更大的野心。

嫪毐确实将他的野心毫无遮掩地表现了出来。在受封长信侯之后,嫪毐从此便在人前也摆出了一副高高在上的姿态。小人得志的他傲视所有在朝的官员，久而久之，他甚至全然不把吕不韦放在眼里。当人们都在奇怪为什么这么个暴发户会这样的自负时，关于他和太后的传闻便对这种疑问作出了最为巧妙的回应。原来如此，所有人都了解了为什么嫪毐无任何功绩却能封侯，也了解了为什么嫪毐会有目中无人的姿态。

当然，嫪毐的这种自负对他的发展也暂时性地形成了很大的帮助。因为很多阿谀奉承的官员都知道嫪毐是太后的宠臣，因此他们便都去依靠嫪毐，期望能在嫪毐那里分得一杯羹。久而久之，嫪毐的势力竟然越来越大，侍候他的僮仆就有一千多人，投奔他的门客竟也达到了千余。此时的嫪毐俨然成了一个"小吕不韦"，甚至有长江后浪推前浪的气势。

吕不韦对此感到异常不安，让他不安的理由有很多。首先，嫪毐的势力对自己就是一个直接的威胁。其次，嫪毐这人的名字越传越广，关于嫪毐的事也成了当下最热的新闻。在这种情况下，遮盖嫪毐和太后两人关系的那一层帷幕已经摇摇欲坠，一不小心便会被扯下，从而将两人的丑闻彻底暴露在光天化日之下。一旦这件事发生，对于自己无疑是不利的，因为当初正是自己直接促成了这种关系的形成。这使吕不韦感到很不安。

吕不韦再怎么不安都是枉然的，因为他的担忧很快便会成真，而到了那时候，他也将尝到自己种下的苦果。

秦王政九年（公元前238年），这一年是秦王政举行冠礼的一年。举行冠礼之后，就意味着秦王政已经是一个成年人了，既然是成年人，属于他的东西就该归还给他，让他自己去安排了。因此，在这一年，秦王政从吕不韦那里收回了治理国家的大权。其实，吕不韦所以愿意让出权力，可能并不仅仅是因为秦王政举行了冠礼，最为关键的一点是，在这一年，秦国发生了一场大变故。

这场大变故便是由嫪毐发动的。按照刘向的《说苑》里记载的一则故事,说有这么一天,嫪毐和一群大臣在喝酒。酒喝多了,本就骄傲的嫪毐变得更加狂妄,或许是有臣子看他不舒服,趁着酒醉讥讽了他几句,于是两人便争了起来。在相争的过程中,嫪毐对这个冒犯他的大臣狂吼:"吾乃皇帝之假父也,窭人子何敢乃与我亢!"意思是:"我是当今君上的假父(继父的民间用语),你们竟然敢跟我相争!"这是何等狂妄的言语,所谓酒后失言,嫪毐的行为再次验证了这个真理。

这话对秦王政是一种赤裸裸的冒犯,那些早看嫪毐不顺眼的大臣便抓住这个时机,趁机向秦王政揭发了嫪毐。他们向秦王政报告了嫪毐的狂言,更将嫪毐的真实身份向秦王政讲述得一清二楚。关于此事,秦王政并不是从未耳闻,在他的心里早已经有了一定的框架。而这时候,这次控告似乎成了一个直接的原因,使秦王政终于下定决心去面对并解决它。

当然,之所以选择这时候出手,也是因为当年正好是秦王政的冠礼大年。在权力的回收仪式上,秦王政希望自己能做出一件大事,来向他的"仲父"以及天下表明,他秦王政不是一个任人宰割的傀儡。

对于大臣对嫪毐的控告,秦王政下令查办。这事传到了嫪毐府里,嫪毐自知大难临头,只好孤注一掷,先发制人。他伪造秦王和太后的印信,引领其上千名僮仆门客和少数受骗的军队发动政变,攻击蕲年宫。

对于嫪毐的反叛,秦王政早有准备。他派出了昌平君和昌文君领咸阳士卒前往堵截嫪毐,平息叛乱。为了更加顺利地平息叛乱,秦王政还对全咸阳城下令:有生得毒,赐钱百万;杀之,五十万。这个奖励大大激起了咸阳士兵的战心,他们力争往前,奋勇杀敌。嫪毐的叛乱本就得不到正道的支持,更兼他的那些僮仆门客也没多少强悍之人。因此,在秦王政军队的猛烈攻势下,嫪毐及其死党最终被一网打尽了。

嫪毐最后接受了车裂的命运,并被夷三族。和他同党的官员也个个被枭首,宾客舍人也都得到了应有的处罚。而他和赵姬所生的两个儿子，也被残忍地杀害了。至此，嫪毐之乱被彻底平息，秦王政以一出精彩的政治平叛，作为他执政的第一个事迹，让人们确信了这个君王确实够魄力。当然，人们也在这件事上看到了一种残忍的性格已经在这个君王身上显出了苗头。两个幼儿被无辜杀害，这是其一。其二，秦王政不顾念亲情，将他的母亲监禁在雍城的棫阳宫，后虽在大臣的劝说下将母亲迎回咸阳，但两人之间的裂痕明显让人看出这个儿子的绝情。

秦王政借由平定嫪毐之乱的魄力，从吕不韦那里顺利拿回了权力。此时的吕不韦得知嫪毐之乱后，深感慌张。他明白自己和秦王政之间的矛盾，而这个由自己看着长大的孩子在对付这件事上所表现的能力更让人惊讶，吕不韦确实也感到了压力。而对于秦王政来说，除掉吕不韦确实是他的下一个任务。

在除掉吕不韦的过程中，秦王政似乎没有太费力。秦王政十年（公元前237年）十月，秦王政顺利罢免了吕不韦的相位，并将其遣出了咸阳，让其回到河南的封地。因为吕不韦的名望，他在封地竟然一整天都有宾客来访。这令秦王政很不安，于是他又逼吕不韦迁往了相对荒凉的蜀地。吕不韦知道秦王政的意思，他知道秦王政迟早会除了自己，因此，在秦王政的一再逼迫下，吕不韦最后选择了自杀。吕不韦的死是必然的，这是他和秦王政之间的矛盾激化到一定程度的后果。

在正式掌权的前几年，秦王政的心是恐慌的，这种恐慌最直接的表现便是逐客令的公布。而逐客令的公布作为秦王政执政生涯里的一个重要决定，对秦国的影响是巨大的。这种影响表现在它为秦国直接送去了一个出色的人才。这个人就是李斯。

小肚量害死人

李斯来到秦国后，劝说秦王政要趁秦国强大之时灭六国诸侯，完成统一大业，更为秦王政提出了具体的离间之计。李斯的战略很得秦王政的青睐，也因此获得了秦王政的信赖，后因这番提议被任命为客卿。

当李斯听到秦王政下逐客令时，和其他客卿一样，李斯也是在心里直喊冤枉。但和其他客卿又不一样，愿意奋力争取的李斯不愿接受这个事实，他决定用自己那出色的才华来劝一劝秦王政，挽回秦王政的心，让他明白并不是所有的外国人都是坏人。于是，李斯便一气呵成，写下了一篇万古流芳的名作《谏逐客书》。

秦王政读了这封劝谏书后，看到了其中列举的秦国历史，读到了其中提到的每一个道理，便立即被李斯的文采所感染，瞬间有了收回命令的想法。于是，不顾本国官员的惋惜，秦王政便下令撤销了逐客令。

自李斯上《谏逐客书》之后，秦王政便对这个贤臣越来越看重。当时秦王政刚接过政权，正需要有一批贤臣来辅佐自己，李斯的出现刚好给了秦王政一个很大的帮助，为此，秦王政任命李斯为廷尉，属秦国九卿之一，是主管司法的最高官吏。李斯在秦国有了自己的一席之位以后，便开始在这上面大施拳脚。

此时的李斯已然到了当年自己所认为的米仓老鼠的地位，因此，李斯对自己现在所拥有的一切极其爱惜，无时不在担心着自己的地位会有失去的一天。想起当年他离开荀子的时候对荀子说过的话：贫困和卑贱是他最鄙夷的悲哀生活。我们便足以理解为何李斯会死死地抓住自己的权力，不顾一切地往上爬，而绝对不愿让自己再退回起点——那段当小吏的无趣生活对李斯来说太不堪回首了。

李斯对处境的看重让他成功官拜九卿，在不久之后更是登上了丞相的宝座。但这种过分偏激的看重也注定令其成为李斯的死穴，让李斯因此而犯下一个又一个的错。不说后来李斯帮赵高发动了沙丘之变，助纣为虐的他因此而走上了自取灭亡的道路。单就从当下的事来说，李斯便做了一件令后人极其诟病的事来，这件事便是妒杀韩非。

韩非是韩国人，韩王室的公子。年轻时跟随大儒荀子学习，和李斯曾有同窗之谊。韩非和李斯一样，也对刑法之学颇有兴趣，对帝王之术深有研究。但在性格方面和李斯大相径庭。李斯此人的道德观基本是法家的，儒家的仁义之学对他丝毫没有吸引力，这也是他最后放弃了自己的国家而选择秦国的原因。韩非虽也是法学人士，仁义的道德观在他身上却也占有一席之地，因此他并没有选择当时强大的秦国，而是希望能尽自己的力量帮助时已衰微的韩国。当然，两人之所以有这样的选择，他们的身世也是很大的因素之一。李斯在楚国是平民一个，毫无地位，韩非却是韩国的公子，这种处境的相异也注定了两人不同的选择。

韩非和李斯一样，是荀子的得意学生，但韩非本身有一个缺点，对他的发展起到了很大的阻碍作用，这个缺点便是口吃。一个口吃的人很容易让人觉得是个傻子，最起码不会是一个聪明人。这当然是一种偏见，但对于这种偏见，韩非的心正如他的嘴巴一样，根本无力去争辩。因此，韩非虽然有意在韩王面前立功，却总是得不到韩王的重用。当然，将韩非得不到重用的原因归在口吃上面是有点肤浅的。韩非之所以得不到重用，最主要的原因还是因为韩王的平庸，这种平庸注定了韩王根本没有足够眼光去挖掘这个人才。毕竟，当时韩非给韩王提的建议很多都是以上书的形式，而韩非的文笔可是令当时的大家李斯都自叹不如的。因此，韩王的平庸注定了韩非这个人才被埋没的命运。

韩非见自己的建议从未被韩王重视过，心里便起了牢骚，他认为这是"廉直不容于邪枉之臣"，便愤而退离朝政，当一个愤世嫉俗的文人，写起了他的文章。结果，在这段时间内，韩非将一股怒气激发了他的灵感，竟写成了洋洋洒洒十万余言的文章，其中包括《孤愤》《五蠹》《内外储》《说林》《说难》等著作。

韩非的书籍渐渐在当时的名人之间传播着，人们也开始认识了这个法学的新一代人物，因此，韩非的名声越来越响。但是，虽然如此，韩王仍然对韩非这个结巴不屑一顾，韩非在韩国的境遇并没有因为他的文章而有所改善。但是，有所为必然有所得，韩非的文章已经传到了秦国，当时，有秦国人便将韩非的文章推荐给了秦王政。到了这时候，韩非的曙光终于来了。

秦王政看了韩非的《孤愤》《五蠹》等书,便觉得这个人非但文采斐然,更是见识非凡,当下便对韩非起了敬佩之情,直言:"嗟乎,寡人得见此人与之游,死不恨矣!"这句话就如同孔子那句"朝闻道,夕死可矣"(《论语·里仁》)一样,可见在看完文章的当下,秦王政心里对韩非确实有了一个神仙般的向往。

秦王政对韩非的钦佩之色满溢于脸,却苦于没机会和写下这些文章的作者见上一面,聊聊哲学,聊聊世界。这种思之切、求之难的心情被李斯瞧出来了,为实现秦王政的愿望,李斯便向秦王政讲述了这个作者的身世。秦王政得知作者是韩国公子以后,便下了急攻韩国的命令,因为他希望能借此而威胁韩王献出韩非。

这次进攻对韩非造成了很大的威胁,但当韩王知道秦王政不过是为了一个韩非时,便立即下令韩非以韩国使者的身份进入秦国,说服秦王停战。于是,在秦王的逼迫下,韩非终于从韩王那里获得了他的第一个重任。

秦王政成功地迎来了韩非,正式见到了这个心中期盼已久的贤人。不知道当秦王政发现韩非是一个结巴的时候,心里是否会有一点讶异的神色。但是,有文章的好感在前,韩非的结巴并不会让秦王政对他的看法有任何改观。而在和韩非的正面交谈之后,秦王政对这个韩国公子也有了更大的兴趣。在他心里,韩非绝对是一个能力出众的人。

但是,虽然秦王政对韩非颇有好感,并没有因此而信任并重用韩非。在秦王政的心里,韩非或许只是一个能人,而郑国的事迹也还在时刻地提醒着他:必须多注意这些外国人。因此关于是否重用韩非,秦王政更希望能和李斯这些大臣商量商量。这之后,历史的说法基本都倾向于李斯因为忌妒韩非,怕韩非抢了自己的碗饭而劝秦王政杀了韩非。其实,杀韩非一事或许有李斯的小肚量问题,但其中还有更大的原因。

当时秦王政已经在准备攻灭六国的事,而按照李斯的战略,弱小的韩国是排在六国里的第一个的。但是韩非是韩国公子,他当然不会赞同李斯的战略，因此便和李斯产生了意见相左的矛盾。这便让李斯觉得，韩非这人绝对是阻挡自己继续前进的敌人。因此，本就对韩非得到了秦王的赏识而有所忌妒的李斯，这时候便将韩非视为政治上的最大敌人。

此外，从《战国策》里还记载了另外一件事。在秦王政着手攻伐六国之后，很快地，韩、魏两国便已经处在苟延残喘的地步，对此，其余四国便打算再次结成合纵联盟来对抗秦国。为破这次联盟，秦王政派出了姚贾去劝说分化四国。但是，利用这个机会，韩非对姚贾进行了毁谤，说其是"世监门子，梁之大盗，赵之逐臣"，使秦王政曾一度不信任姚贾而将其召回，多次中断劝说的任务。因此，姚贾也和韩非结下了恩怨。

这之后，姚贾便和李斯站在了同一战线，两人合起来设计除掉韩非。这两个人便向秦王政上言，说韩非是韩国公子，心系韩国，并无心向秦，与其留为后患，还不如将其定罪斩杀。秦王政虽然爱惜韩非是个才子，但在政治上毕竟不敢用他，留着非但用处不大，更有可能成为后患，便同意李斯的建议，令李斯随便给他网织个罪名，将其关押起来。

后来，韩非在监牢里收到了李斯令人送给他的毒药，无处陈情的他，最后只能选择自杀。此时，秦王政觉得韩非实在是不可多得的贤人，便后悔不已，令人立即前往监牢赦免韩非。可惜，还是晚了一步，这时候韩非却已经死了。

从韩非的事迹中可以看出，当时韩非在秦国的时候仍一味护着韩国，这便是秦王政无法重用韩非的原因，更是成了李斯除掉韩非的原因之一。因此，当讲起李斯和韩非的事迹时，对于李斯的一味责怪是不全面的。他们两人之间的矛盾或许掺杂些许李斯个人对韩非的嫉恨，但更大一部分原因应该各为其主的无奈选择。

李斯除掉韩非这件事究竟是对是错，现在已经很难去判定了。但是，能判定李斯功绩的事件还有一大堆，其中最重要的便是制定统一六国的策略。这份想法在吕不韦还在世的时候便已经在秦王政心里酝酿了，这时候，秦王政权力在手，便风风火火地干起来。

秦王政统一六国的道路，正式开启了！

第二章

天下一统：再创一个完美世界

准备各个击破

在剪除了嫪毐和丞相吕不韦的势力后，秦王政将统领全国的权力收入囊中，开始了他由一个诸侯国君主走向帝王的道路。如果说之前的逐客令是在内政上给了各个诸侯国一个心理上的打击，那么在这之后的军事行动便意味着秦王政已经开始了他伟大而艰巨的目标——灭亡六国。

早在吕不韦当权的时代，李斯便向秦王政提出了这个总目标。虽然李斯因此而获得秦王政的青睐，但灭亡六国的计策在当时并未有任何大的突破。小的成就是存在的，但这并不能让颇具野心的秦王政感到满足。只有顺利攻下一个国家，秦王政才能感觉这个总战略是具有可行性的。

对于此，为了增加秦国的信心，李斯对当时的六大诸侯国进行了一次分析。

韩国——整个韩国历史除了在韩昭侯时代有过短暂的辉煌外，其实力基本是排在七国最后。而早在韩桓惠王时，韩国便已经臣服于秦国。到了秦王政初年，韩国的疆域更是大大缩减，只剩下都城阳翟与其周围十多个中小城邑。这种实力在强秦面前不堪一击，基本上已经沦为一个不入流的小国了。

赵国——赵国本为北方强国，在赵武灵王时实行改革，其国力到了足以北抗匈奴、南抵强秦的地步，成了秦国东进的最大阻碍。但这之后，在长平之战以及邯郸包围战之后，赵国便基本走上了衰退的道路。更兼赵王虽有良将却不懂重用，因此秦国频频有机可乘。

魏国——魏国曾在魏惠王时威慑整个战国，但这之后便屡次受西方的强秦打压，疆域不断缩小。后虽有信陵君窃符救赵，重拾魏国威望。但魏安釐王终究昏庸，非但没有乘胜追击，还罢用信陵君，从此失去了东山再起的机会。

楚国——楚国在南方一直独大，但自秦将白起攻陷楚都之后，楚国的实力便开始直线而下。这之后面对强秦的压迫更是不得不屡次迁都，从而大大地挫败了楚国将士的士气。因此，此时的楚国和齐国一样，空有一个区域性强国的称号，而早已失去和秦国单独作战的力量。

燕国——一个燕昭王将燕国带入了强国之列。但这时候，到了燕王喜当政时期，在外交上不与近邻赵、齐修好，又常常无故发动混战，因此形成劳民伤财、国力损耗巨大的局面，最后成了在六国之中只略强于韩的弱小之国。

齐国——自燕将乐毅连拔齐国七十余城后，之后虽有田单用火牛阵力挽颓局，收复失地，但齐国从此衰败已成不可争议的事实。齐威王当年建立的霸业早已成为历史的尘埃，齐国的东方大国地位已经成了有名无实的称号。此时的齐国经济发展缓慢，政治落后，国君齐王建是个无能之主，更兼国内缺乏贤人能臣，除了坐以待毙，早已失去了复强的力气。

这是对其余六大国的大致分析，这种分析确实增进了秦国灭亡六国的信心。从分析中看，六国已经没有任何一个国家足以单独和秦国对抗，秦国的统一之路轻而易举。虽然如此，秦王政对统一之路却没有太大的信心。因为如果一国一国的进行分析，那秦国独大的局面自然是事实，但是如果六国合纵对抗秦国，那秦国的统一之路必将阻碍重重。

秦王政的这种担忧并不是没有道理的，早在几年前，秦国便分别被信陵君和春申君统领合纵联军直逼到函谷关。这两次大败在秦国的统一之路上划下了两道巨大的伤痕，令秦国虽有雄心壮志，却也不得不胆战心惊地去走每一步。当然，这也并非仅是秦王政的担忧，李斯在提出"一统天下"的伟大构想后，他也必须面对六国合纵的难题。

但是，在之后的一次对抗合纵联军的战争中，李斯看到了一丝希望。

这便是发生在秦王政六年（公元前241年）赵将庞煖率领合纵联军进攻秦国的战争。当时，在这合纵军中，燕国和齐国是没有参加的，而之后，四大国虽逼近咸阳，却因为各有私心而迟疑不前。而当吕不韦率军进攻楚营时，楚军更是不战自退。楚军一退，其余三大国便也各自散了。从这场战争中，李斯看到了六国之间的团结是脆弱的，而当时齐、燕没有加入合纵，部分原因也是由于他们的土地和秦国没有直接相邻，彼此之间的敌对关系较弱，因此不愿去蹚这场浑水。分析过后，李斯觉得各个击破的可能性是存在的，因此，为顺利实现灭亡六国，李斯继承了范雎当年提出的著名策略——远交近攻。

远交近攻在不同的时代背景下有了它新的历史含义。李斯提出的远交近攻战略用十二个字来总结就是笼络燕齐、稳住楚魏、消灭韩赵。先交好远方的燕、齐两国，稳住隔壁的魏、楚以防他们趁机捣乱，在此时及时消灭了最弱最近的韩、赵。韩、赵一灭，立即进军魏、楚，而后再一举东进，灭了燕、齐。这是一个先弱后强、先近后远的战略步骤，如果能顺利地做到这一点，那分化六国而后一一击破的目标便能顺利达成，统一也就顺理成章了。

这当然是一个很好的具体战略，但六国能让秦国的如意算盘打得那么好吗？秦王政虽听了李斯的献策后精神大振，但要具体实施起来也难免感到棘手。何况，在当时秦王政的手下，虽不乏猛将和文臣，但对于熟悉军事理论的军事家是极其缺乏的。在这种情况下，秦王政想要以迅疾的速度灭掉六国仍有难度，因此秦王政仍然感到困惑。就在秦王政困惑的时候，有一个人的出现解决了他的难题。

这个人的名字叫作尉缭。尉缭是著名的军事家，著有《尉缭子》一书，这书在古代就被列入军事学名著，受到历代兵家极力推崇，与《孙子》《吴子》《司马法》等在宋代并称为《武经七书》。由此看来，尉缭正是秦王政所需要的人才，因此他的到来为秦国注入了一股坚定的信念。

尉缭是在秦王政十年（公元前237年）来到秦国的。据说，在尉缭刚进入秦国的时候，当他看见秦王政的时候，便对眼前的这位君主产生了不好的印象。尉缭擅长看相，他认为秦王政的面相刚烈，此人在有求于人时会虚心诚恳，但在遭遇冒犯时又会露出非常残暴的一面。因此尉缭认为秦王政缺少关爱百姓的仁德之心，便有意离秦国而去。但对于尉缭的逃离，秦王政每次都派人将其追回，之后非但不怪罪尉缭，更以和善示好的态度礼遇之。这令尉缭感到些许忏悔，秦王政的坚定最后留住了尉缭这个人才。

尉缭在决定辅助秦国之后，便针对统一六国的总方针给了秦国一个具体战略。这个战略和李斯的想法是一样的，尉缭希望秦王政能采取远交近攻、各个击破的战略来实现他的统一之梦。这之后，尉缭更建议秦王政不要吝啬财物，而要用这些财物去贿赂各国的权臣，利用这些权臣来扰乱六国的合纵想法。

尉缭的一席话和李斯所见略同，但他提出的分化策略，更进一步从六国之间前进到每一国之内，这种内部渗透的反间计大大增加了秦王政的信心。既然有两个大臣都这样认为，那想必不会错了。秦王政选择信任这个战略，因为他没有多余的时间去迟疑。迟疑是最可怕的魔鬼，会让你错过一个很好的机会。关于这点，在举行冠礼拿回权力的那天便雷厉风行地解决了嫪毐之乱的秦王政，是比任何人还清楚的。

在作出决定之后，秦王政在李斯、尉缭以及一班臣子的支持下，已经开始将他的手脚施展在整个大地之上了。在毫无经验的基础上，秦王政便将目光拉到了灭亡六国的目标上。这次行动注定是一着险棋，也将成为秦王政执政以来的壮举。秦王政有办法驾驭这个宏大的志愿吗？

小韩扛不住了

在李斯和尉缭为秦王政输入了大量的信心后，秦王政便下定决心开始他各个击破的统一之路了。此时，就在整个秦国的支持中，秦王政开始将他的野心公之于世。他相信，在不久的将来，整个眼所能及的土地，都将收进他秦王政的口袋里。而按照灭亡六国的计划，秦王政的第一个目标，便是六国中离自己最近又是相对弱小的韩、赵两国。这两个国家，在强秦的恃强凌弱之下，还扛得住吗？

当秦王政在赵国这块土地上碰了几次壁后，事实便证明了赵国仍然具备对抗秦国的实力。为此，秦王政便顺势将目标转向了最弱小的韩国身上。

韩国看来已经有点危在旦夕了。这个七雄之中最为羸弱的国家，早期夹在秦、魏、齐等各大国之间，四面楚歌的环境决定了它难以向外实现突破的道路，要不是曾有韩昭侯立志改革，更得申不害等能臣大力变法，韩国想跻身七雄之一似乎像白日做梦。

虽然在韩国的历史上曾经有过短暂的辉煌，但这种辉煌也仅仅能保证这个国家不被他国侵犯而已。因此，若严格说起来，韩国从来没有达到一个大国的地位，在多年的战国动乱中，它始终是遭受最大伤害的那一个。而韩国之所以能经久不亡，在很大程度上也是因为它所处的地理位置给其余六国所带来的战略价值。

在战国早期，韩国便已经成为魏、齐之间的争霸资本，马陵之战是这种局面最大的注脚。后来秦楚争霸时，韩国又受挟于秦国，与之共同伐楚。之后，到了战国末期，韩国更是成了秦、齐两国之间战争的缓冲地，苟延残喘地存在着。而发生在秦、赵之间的著名战役长平之战更是由于韩国上党郡而起。所有这些都充分表明了，在韩国的发展史上，它基本是作为俎上鱼肉，受人控制，任人宰割。

韩国的实力和它所处的地理位置都决定了它作为秦国第一个靶子的命运。韩国的地理位置对于秦国来说也是极其关键的，它遏制了秦国经由函谷关东进的道路，如同当年想要东进的秦穆公必须先将目光放在晋国身上一样，秦国如果想要往东有所突破，韩国这个障碍便不得不除。就是在这种情况下，秦、韩之间才经常爆发战争。而其余五国也深知韩国对于秦国的重要战略位置，因此在秦、韩交战中，不时有其他国家出手相援韩国。当然，这种相援活动的收获并不是很大，结果，在多次的战争后，韩国的疆域不断为秦国所侵蚀，而到了秦王政年间，竟然只剩下了都城阳翟与其周围的十多个中小城邑。

秦王政十四年（公元前233年），当秦王政的大军直入韩国时，当时的韩王安已经束手无策，只好向秦国纳地献玺，正式降为秦国的藩臣。在这场战争中，韩国失去的并不仅仅是它那七雄之一的地位，更令人感到可惜的是，在这场战争里韩国失去了它一个非常重要的人才——韩非。

韩国不是没有复强的机会的。上天送给了韩王安一个韩非，但没有人知道如果有韩非辅佐，韩国是否会有雄起的可能性，因为韩王安彻底拒绝了这次尝试。对于韩非的屡次进言，对于韩非提出的许多救国措施，韩王安身为一个弱国之主，却始终没有正眼瞧过。此时的韩王安正如王安石笔下的那个歌女一样，"年年犹唱，后庭遗曲"。

如果韩国有一个立志高远的君主，那它或许还有救。但当历史决定让韩王安来坐这个椅子的时候，韩国便注定从此失去翻身的机会了。

韩王安身处险境却不自知，这种安于现状、不思进取的态度引起了臣子们的不满。在韩国，有点见地的人都知道韩国不久便将败于秦国之手。韩非的离韩赴秦，虽说其缘由是因为韩王安的任命，因此算不上叛变，但此举却在韩人心中激起了万千愁绪，似乎韩非此举是弃暗投明。这之后，当韩非死在秦国的消息传到韩国后，韩人对自己所效命的这个国家产生了更大的失望。在一个弱小的国家里，又遇上了弱主，这样的政权值得自己为之而奋斗吗？

韩国从上到下开始分崩离析，而这种危险正好给了虎视着它的秦国一个很好的渗透机会。按照尉缭的计策，在对付六国的过程中，分化的不仅仅是六个国家彼此之间的关系，更要从每个国家的内部进行分化渗透，离间君主和臣子之间的关系。而韩国此时的情形正好让这个计策有了用武之地，因此秦王政便开始在韩国培植亲秦势力，企图以这股势力来控制韩国，最后达到灭亡韩国的目的。

在这次的分化策略上，秦国选择了时任韩国南阳郡郡守的腾。腾是当时韩国仅存极少的能臣之一，姓氏不可考，只知其名为腾，后因在秦国官封内史，故称内史腾。秦王政十六年（公元前231年），尉缭的内部分化开始在韩国起作用了。就在这年，内史腾主动向秦国投降，并将所领南阳地（今河南境内太行山南、黄河以北地区）全部献给了秦国。秦国轻而易举地接受了韩国的一块土地，令疆域本已狭窄的韩国更显窘迫。

没有人能对内史腾的叛离表示指责。所谓识时务者为俊杰，内史腾的叛离代表了一种历史潮流，即天下英雄即将全部会聚在秦国的土地上。另外，对于韩王安这样一个不知亡国恨的君主，不说他的臣下遗弃了他，就是历史遗弃了他也是一种理所当然的事。

南阳郡一失，本已束手无策的韩国除了静静地等待死亡的来临，再也不能进行任何程度的反抗了。而南阳郡的得手对秦国的意义却是重大的，秦国在这之后将这块土地作为前进的基地，使它以一个跳板的姿态为进攻韩国作出巨大的贡献。除此之外，南阳郡对于以后进攻南方的楚国也奠定了一个坚定基础，在这方面，攻灭楚国的王翦还必须对南阳郡守内史腾表示感谢。

南阳郡到手，韩国奄奄一息，这个时候正是出手的好时机。秦王政大腿一拍，决定立即送病入膏肓的韩国一程，免得看着它这般苟延残喘。秦王政十七年（公元前230年），秦王政派出了大军直逼韩国都城新郑（今河南新郑）。此时，新郑里的君王除了颤抖以外，聚集士兵的力量早已消失在他那毫无顾忌的岁月里了。

秦王政在选择攻灭韩国的将领里看中了内史腾，这似乎是一件理所当然的事。从内史腾献上南阳郡后，新郑的攻伐便注定交由这个韩国降将来执行了。毕竟，有哪一个秦国将领会比一个韩国将领更熟悉韩国的情况呢？而对于这个问题，内史腾给了秦王政一个完美的回应。就在秦王政下令内史腾出征不久后，新郑被一批渡过黄河的大军所灭这个消息很快便响彻云霄了。

韩国终于从此消失在历史的舞台上了。当韩王安被内史腾俘虏的时候，看着这个曾经是自己手下的将领，韩王安是否会愤怒地问他一句："你为何要背叛我？"而在这一番询问过后，韩王安是否会得到一个令人心寒的回应："是你逼我的。"无论韩王安是否为他的沉沦而自责过，他都不得不接受这样一个事实：他昔日掌握的国家，如今竟然成了他人的郡县。秦王政十七年（公元前230年），秦国在韩地设置颍川郡，建郡治于阳翟（今河南禹州）。

韩国的灭亡，在实践上给了秦王政更大的信心，这种信心是李斯和尉缭所不能给的。也说明了秦国确实能采取各个击破的手段，而挑拨离间更是以兵不厌诈的理论为依据大大地发挥了它的效用。秦灭六国的道路已经成功地踏出了一步，只有到了这个时候，秦王政才真正觉得自己和他之前的所有先祖都是不一样的，因为他们没能做到的事，他秦王政做到了！

但刚强的秦王政抛开了一切疑虑。此时，在秦王政的心里，只有两个字闪现着，这是继韩国之后的另一个国家——赵国。

老赵这个亲戚算完了

秦王政十四年（公元前233年）的"肥之战"令秦王政的统一之路遇到了第一次波折。可秦王政并不用感到沮丧，因为秦国的力量虽经此大败，却仍旧完全凌驾在赵国之上。因此，秦王政在失败过后，没有做过长的休息，便立即再次进攻赵国。

秦王政十五年（公元前232年），在短暂的休整过后，秦王政再次出兵赵国。秦王政似乎很明白一个道理，即他有不休息的资格，虚弱的赵国对此却缺乏享受的权利。因此，秦王政企图以机关枪式的进攻迅速搞定赵国。但是，秦王政忽略了一点，阻挡他秦王继续往前一步的最大障碍并不是赵国实力微弱的军队，而是当时名声威震一时的大将李牧。

秦王政或许没想到一个将领可以让一个几近灭亡的国家再度复苏，可是不久后他即将见识到，一个人可以缔造的奇迹是如何巨大。

为抵挡秦军的再一次进攻，李牧又被派到了前线。面对秦军兵分两路的策略，李牧认为邯郸之南有漳水及赵长城为依托，秦军难以迅速突破，因此对于这路可以暂缓对付，只以部将司马尚率部据守。而对于由太原取狼孟（今山西阳曲）后东进番吾上的另一路大军，李牧便亲率主力北进抗击。

在这场战役中，李牧临阵不惊，指挥若定。先是在番吾给予秦军沉重的打击，接着跟踪追击，及至驱逐秦军将其逼出赵境。然后立即回师南进，和司马尚两军会合，锐不可当。漳河沿岸的秦军早已听说另一路大军已经败退，此时闻讯李牧大军前来，在两军碰头之后便不战而走。

这场大战又一次以李牧的全面胜利而告终。当消息传到秦国的时候，秦王政大吃一惊，没想到赵国那颓败之师到了李牧手中竟然有了好似天降神兵的非凡能力，看来，李牧不除，秦王政想要往前再进一步似乎不太可能。

可是，虽然赵国在此战中又一次大胜秦军，但和秦国三番两次的对决后，本就虚弱的赵国为应付这种不间断的进攻而变得更加筋疲力尽。此次大胜不过为赵国争取了一个苟延残喘的机会，让赵国获得短暂的稳定。如果秦国继续以迅猛的姿态进攻赵国，那么便是有李牧掌兵，赵国也没有足够的实力负隅顽抗。毕竟，媳妇再巧，总难成无米之炊。

福无双至，祸不单行。除在对外面临秦军的持续进逼外，赵国还要面临内部的灾荒问题。当时，赵国国内发生了旱灾，由此形成了面积甚大的庄稼枯死、颗粒无收的局面。在内外问题的双重夹击下，赵国国内形势动荡，人心惶惶。赵王迁在这种情况下，虽有急切救国之心，但也难施救国之法。

秦王政虽然被李牧这个人给吓了几次，但他也很明白当时的赵国国情。因此，在顺势灭亡了韩国之后，秦王政便立即将他的目光重新转回赵国之上。于是秦王政十八年（公元前229年），秦王政令王翦统率秦国主力直下井陉（今河北井陉），然后令杨端和率河内兵卒，共领兵几十万进围赵都邯郸。

赵国已经奄奄一息，毫无反抗之力。但不甘于此的赵王迁还是派出了李牧前往抵挡秦军，在李牧强大的指挥作战能力之下，没人能确定这个将领能不能再为赵国创造奇迹。

虽然知道赵国的国情之衰败，充满信心的王翦一听到李牧的名字也难免感到慌乱，这个从未打过败仗的将领在王翦心中简直是完美的战神，仿佛白起再生，王翦对他充满着敬佩之情。这种敬佩之情让王翦明白，李牧的存在即使无法挽救毫无生气的赵国，却能为赵国争取一点残喘的时机。而这点喘息的时机是秦国所不愿见到的，因为没有人知道在李牧为赵国争取到的时间内，究竟会发生什么变数。因此，王翦的首要任务不是进攻赵军，而是用计除掉李牧。

早在对待韩国的时候，秦王政便用分化渗透的战术拉拢了韩国大将内史腾，从而得以迅速灭亡韩国。王翦在内史腾身上得到了灵感，对于李牧，除了用反间计除掉他，王翦想不出更好的办法了。于是，王翦便献计秦王政，希望秦王政派出一个奸细前往邯郸，以重金收买赵国宠臣郭开，令其在邯郸内部散布不利于李牧的流言。

这个郭开是赵王迁的近臣，曾经诬陷过赵将廉颇，因此对于散布流言这种事可算是得心应手。于是，郭开便令人在邯郸城内四处散布李牧和司马尚勾结秦军准备背叛赵国的流言，这些流言很快便传遍了整个邯郸城。我们不知道邯郸城的百姓听到这些流言的时候会作何感想,他们会不会愿意对这个国家英雄加上"奸臣"的名号,但令人意想不到的是,赵王迁也选择了相信这种流言。在邯郸城风声四起的时候,再加上郭开在赵王迁耳边一直唆使,昏庸的赵王迁背弃了这个曾经救国于危难之中的战神,将他贴上了背叛国家的奸臣标签。

当李牧知道赵王迁委派赵葱和颜聚来代替他和司马尚的职位时,李牧以"将在外君命有所不受"为由拒绝履行这次命令。李牧知道赵葱这人完全没有军事指挥才力,如果将整个军队交由他来统领,那么赵国必然危在旦夕。因此为了社稷臣民着想,李牧宁愿背上抗旨的罪名,也不愿将整个军队拱手相让。

但是李牧的坚毅遇上了更加顽固的赵王迁,看到李牧不服从自己的命令,赵王迁更加认定了李牧的背叛之心。于是,赵王迁暗中布置圈套捕获了李牧,然后毫无怜悯地将其斩杀。李牧的死给了摇摇欲坠的赵国一个巨大的打击,从此之后,赵国失去了复苏的机会。自廉颇之后,赵国再次犯下了这种低级的错误,有这样昏庸的君主,又如何能不亡国呢?

李牧一死,由他统领的军队便开始解体。这些士兵无不以李牧为英雄榜样,无不以身为李牧部下而感到自豪。可是现在,这个赵国的救星被赵王以莫须有的罪名斩杀了,这伤了多少士兵的情,寒了多少士兵的心!军心涣散的军队已经失去了战斗的激情,赵国的兵败已经被提上了日程。

秦王政十九年(公元前228年),在成功除掉了李牧之后,王翦便立即趁着赵国上下离心之机进攻赵军。军事实力远差于王翦的赵葱,领着一支士气低落的军队抵挡着秦军。毫无恋战之心的士兵如何能打赢来势汹汹的虎狼之师?很快地,赵军便全军溃败了,赵葱也死于沙场。

与此同时,在齐、楚等国做说客的姚贾也发挥了他的效用。在姚贾的挑拨下,各大国对于赵国的危机纷纷报以冷漠的态度,没有任何一个国家想出兵援救这个已经濒临灭亡的国家。赵国的腐臭味弥漫在整个战国的土地之上，但其他国家除了用手帕遮掩住鼻子外，什么表示都没了。

赵王迁彻底被孤立了起来，其他国家抛弃了他，他的臣民也因为他对李牧的陷害而对之恨之入骨。此时，在邯郸城内，赵王迁除了迎接王翦大军的来临外，还能做的就是反省他的无知了。

几个月的时间，王翦的大军便开到了邯郸。在邯郸保卫战中，赵公子嘉表现出了惊人的毅力，他率领着宗族子弟和宾客们奋力抵抗，誓死保卫邯郸。但是，软弱的赵王迁再也无力应战了，最后，在郭开的摆布下，赵王迁打开了城门，让秦军以主人的姿态大举进入邯郸。邯郸失守，赵王迁也因此被王翦生俘，成了赵国的葬送者。当赵王迁到了另一个世界与李牧相遇的时候，他敢直面李牧的质问吗？他敢直面那些为挽救赵国而付出巨大努力的人的质问吗？几年后，赵人的后代会传扬这么一个故事：那个无知昏庸的赵王迁踹了赵国一脚，使它彻底摔入了覆亡的深渊。

赵国灭亡后，赵公子嘉逃出了邯郸，带领着宗族数百人逃到代（今河北蔚县西北），在此自立为王，被称为代王嘉。这不过是一种无意义的复辟，此时的赵国已经名存实亡，当年的都城邯郸从此成了秦国的郡县。

昔日的三晋成功除掉了两个，还剩下一个魏国。这时，同出一个襁褓的三晋，似乎再一次被一种冥冥之中的力量连到了一起。因此，在韩、赵走后不久，他们的兄弟魏国也很快就要去和他们做伴了。

魏国无力回天了

秦王政十九年（公元前228年），赵国在秦国那毫无怜惜的进攻之下响起了亡国之音。当赵王迁在李牧面前尴尬反悔的时候，秦王政面对着李斯等一班臣子，脸上的得意之色显露无遗。韩、赵的灭亡确实大大清除了秦王政东进的障碍，但是在韩、赵两国之间的魏国还杵在那里，像一座孤岛般地挑衅着秦国。

说挑衅并不合适，毕竟魏国当时已经全然没有向秦国叫嚣的资本。早在战国初期，这个一度辉煌的国家曾经掌握了控制整个中原大地的话语权，可惜魏惠王那盲目的自负，终让这个国家渐渐失去了他国对他站在最高位的支持。而桂陵之战和马陵之战的连续打击，更是宣告了霸权的更替——那支代表权力的权杖从此从魏国手上滑落，拉扯在秦、齐两大国家之间。

当魏国将权杖让出手以后，这个国家便从此再也没有力气去要回来了。之后，虽有信陵君那令人兴奋的窃符救赵，但魏安釐王的嫉才性格证明了，这次英雄般的壮举不过是魏国在衰退路上的一次回光返照而已。魏安釐王之后的魏景湣王（公元前242～前228年在位），如果说历史对于他还有一点记载的话，那也完全是为了来歌颂秦王政的功绩。在《史记·魏世家》里可以看到，在这个君王的一生之中，除了关于秦国拔城的如流水账般的记载，司马迁没有写下其余任何吸引人的故事。

当然，单是这些流水账的记载，便足以令秦国上下动心。秦王政对自己在魏国土地上所取得的突破而感到自豪。虽然相较于灭掉整个韩国和赵国来说，这点成就不算什么。但是，它确确实实地表明了，此时的魏国已经老到走不动的地步了。魏国已经老了，秦王政正准备来啃它这块老骨头了。

但是，在准备将野心延伸到魏国的土地上时，秦王政碰到了一些麻烦。之前，韩、赵还未灭，燕、楚两国才敢采取中立的态度。但当韩、赵两个国家的都城都被秦王政划为自己的郡县时，这两个国家便立刻感到自己已然上了姚贾的当，后者以惊人的口才顺利瓦解了这些国家企图再建的合纵关系。尤其是燕国，当赵国灭亡后，秦王政那可怕的疆域便扩充到了自己的身旁，这让当时的燕王感到担忧。而这种担忧所促成的直接行动就是秦王政二十年（公元前227年）发生的，令人耳熟能详的"荆轲刺秦"。荆轲那拙劣却惊人的行刺惹怒了秦王政，秦王政便决定先暂缓攻打魏国，而转而北上，让燕王也尝尝遇刺时的胆战心惊。

秦王政二十一年（公元前226年），王翦受命出兵燕国，很快便取得了燕都蓟城，逼得燕王弃国后撤。为防止南方楚国反扑，秦王政便收回主力，将主攻方向转到南方。秦将王贲迅速攻下了楚国十余城，成功打击了楚国，令楚国不敢轻举妄动，由此保证了顺利出兵灭亡魏国。

在北方赶走燕王、南方控制住楚国之后，秦王政便立即下令南下进攻楚国的军队挥军北上，准备送孤独的魏国最后一程。

当时魏景湣王已死，其子魏王假即位。关于这个君主，我们对其所知甚少，因为在对于他的记载上，没有如韩王安弃用韩非、赵王迁错杀李牧这样的戏码，因此对于这个魏国的末代君王，也自然就没有指责的必要。当他接过魏王这个位置时，魏国这座"大厦"已经基本宣布倒塌了，平凡的魏王假并没有挽狂澜的气势。

秦王政二十二年（公元前225年），王贲在秦王政的指示下，从楚地撤军，转而直逼魏国，魏国的覆亡已经进入了倒计时。

当时，魏王假吃上了前人种下的恶果——魏国已经丧失了大部分土地，只剩都城大梁（今河南开封）带领着附近一小撮城邑，如几架帆船孤独地颠簸在毫无边际的大海之中，又如几个无用的臣子在临死前还坚持拥护着中间这个倔强的君王。总而言之，大梁城这座曾经满载辉煌的城池，现如今成了一座迎风而泣的孤岛。

毫无所谓的边境可以抵挡秦军的进攻，大梁四周那稀稀疏疏的城邑完全阻止不了王贲的威风。很快地，在王贲如风的速度之下，大梁的四周已经响起了秦军围城的叫嚣声。这座有着多年光荣的抗敌史的城池，是否还能将秦军再次阻挡在城池之外？无人知晓。大梁城的任务之艰巨，在于它承担着整个国家的兴与衰。

大梁是个神奇的地方，当年魏惠王的自傲塑造了这么一座坚固的城池，曾经多次将秦、齐大军遏止在城墙之外，令这两个国家为此而感到苦恼。大梁城——好似已经融入了魏惠王的灵魂——那喜爱权势又充满倔强性子的灵魂。在之后的历史发展中，大梁这座城池的重要性日益增加，无论是汴京，还是后来的开封，都在述说着这座城池那充满荣耀的过去。

大梁的顽固再一次令王贲感到棘手，即使是名将王翦的儿子，这个和他父亲一样有着出色军事才能的将领，遇到这座古老的城池也感到束手无策。大梁城，在王贲的眼里，是一座满载骄傲的孤岛，其不愿低头的清高气质，令人难以仰视。

即使出动再多的军队，即使用再多的兵器，都没办法在这座城池的城墙上留下任何痕迹。大梁城的坚固，加上魏军在危机前那令人敬佩的反抗，都显示了魏国还想继续活下去的欲望。王贲没有他父亲的幸运，能够遇上一个自愿献城的君王。但王贲有他父亲的才华，面对这座骄傲的城池，王贲自有他的攻城方式。

在强攻无效后，王贲只有另寻方法，他不能死死地和这座承载着魏惠王灵魂的顽固之城硬碰硬，兵力和时间都不允许他这种蛮干行为。事实证明，王贲不仅仅是一个驰骋沙场的猛将，他和他的父亲一样，也是一个彻彻底底的军事家。

在对大梁城附近的地势进行了一番观察之后，王贲便立即有了攻取大梁城的对策。在这个对策里，王贲抛弃了至刚的兵器，而是选择了世上至柔的东西来摧毁它，这个东西便是水。

大梁城地近黄河，其旁又有魏惠王期间修建的沟通黄河和淮河的鸿沟。这两条河曾经保卫过魏国，这时候却成了王贲灭亡魏国的重要武器。虽然没办法突破至城内，但王贲在城外是始终保有主动地位的，因此当王贲引黄河和鸿沟之水灌入大梁城内时，魏王假和他的臣民们除了祈祷奇迹的到来，还能做点什么呢？

河水如泛滥一般一直扑向大梁城，大梁城的顽固被这柔弱之水无孔不入、无坚不摧的利器软化得力量全失。直到此刻，魏惠王的灵魂在母亲河的抚慰下才甘以隐遁于人世。三个月后，在灵魂撤离大梁的那一刻,这座满戴光荣勋章的神圣之地终于崩溃了,如巨人的崩塌,令人震撼之余又觉惋惜。

大梁城门开了,一脸不甘又沮丧的魏王假走了出来,向王贲献出了这座见证着魏国兴衰的城池。秦王政二十二年(公元前225年),在大梁城陷落的那一刻,战国的地图上从此划去了魏国这个名词。

继魏国之后,秦国的下一个目标便指向了盘踞南方的楚国。

再见吧楚国

秦王政二十二年(公元前225年),李信对灭亡楚国信誓旦旦地夸下海口,却不知楚国国内有一个大将项燕在等着自己,因此大败而归。此次对楚国的挫败令秦王政感到惭愧和愤怒,他发誓要让楚王负刍和项燕尝尝覆亡的滋味,让这个国家知道这次的胜利不过是他们一时的侥幸。

李信的大败让秦王政相信了老将王翦的"六十万"之说,惭愧的秦王政只好请王翦担负起李信未尽的重任了,何况在当时的大败之后,不请王翦出山,只怕难以灭掉楚国。可是,这时候的王翦正因病请假在家休息,秦王政已经许多天没见到他了,秦王政只得下令王翦上朝,让王翦和自己商讨灭楚策略。

可是王翦还是继续以生病为由婉拒了秦王政的召唤。虽然这有点不给秦王政面子,但为了灭掉楚国,秦王政能屈能伸,更何况这次本来就是自己的错误。因此,高傲性子的秦王政这次竟然破天荒地放下了自己的面子,亲自前往王翦家里,请他出兵,希望王翦能再如以前大败李牧那样大败项燕。

虽然秦王政给了很大的面子,王翦仍旧以身体问题谢绝领兵。但是,王翦毕竟拗不过偏执的秦王政。秦王政既然决定让你去了,你就不能不去。王翦也是明白的,所以,在秦王政的坚持下,王翦除了服从也别无他法了。但是,王翦对秦王政提出了一个请求:"大王必不得已用臣,非六十万人不可。"秦王政犹豫了一阵,也只好允诺了下来。

其实，王翦之所以迟迟不答应领兵出征，在很大程度上也是一种保命的策略。没有六十万大军，王翦对于灭亡楚国并没有太大的信心，可是一旦向秦王政索要六十万大军，那将意味着什么？那将意味着秦国的兵力很大部分都掌握到了王翦手上，这种情况对于一个君王来说是极大的威胁。将大部分兵权都移交给臣子，叛变了怎么办？秦王政当初所以选择了"二十万"的李信，在很大程度上或许也是有此考虑。

当秦王政将六十万士兵的统领权移交到王翦手中时，这两位君臣在各自的心里一定都在盘算。然而为了灭亡楚国，秦王政也只能先将赌注压在王翦身上。当然，王翦也是一个聪明人，为了消除秦王政的疑虑，他还特意请求秦王政一件事。

当秦王政亲自送王翦到灞上（今陕西西安东南）的时候，王翦却忽然向秦王政提出了多赐自己良田屋宅园地的请求。秦王政感到奇怪，心想王翦在出兵之前还要这样一些小奖赏，如果他能顺利打下楚国，还怕没他的好处吗？于是秦王政问王翦："将军行矣，何忧贫乎？"王翦一听，便回秦王政："为大王将，有功终不得封赏，故及大王之向臣，臣亦及时以请园池为子孙业耳。"趁着还是大王您的臣子，我还是多请大王赏赐园地来为子孙置业吧。

秦王政听了王翦这话，不由得在心里笑了一下，原来这个王翦也只是个贪图蝇头小利的人，想来六十万士兵在他手里，应该也不会有什么意外。再说，如果王翦真有心叛变，那还需要为自己在秦国添置土地吗？因此，秦王政对王翦的疑虑便打消了。后来，在王翦攻打楚国的过程中，还时不时请人回来求秦王政多赐良田。有人因此而觉得王翦的请求太过分了，怕秦王政不高兴，王翦却深信自己做法是对的。王翦认为秦王政粗暴而不信任他人，这次将举国之军交给了自己，自己只有请求多赐土地，秦王政才会打消对自己的疑虑。

王翦请田确实让秦王政对王翦的担忧减少了很多。正是通过这一方法，王翦顺利保住了自己和家族的地位。当然，还有很重要的一点，王翦当初以反间计陷害了李牧，如果自己不施点小计谋，那难保自己不会沦落到和李牧一样的境地，结果是灭不了楚国反倒赔上了自己的性命。看来，王翦心里的盘算还是很有必要的。当然，若没有这些盘算，王翦和他的儿子王贲也没有机会为秦国立下一份不世奇功——除了韩国之外，其余五国都灭于这父子两人手中。

在做好保障工作后，秦王政二十二年（公元前224年），王翦和副将蒙武便领着秦国六十万大军大举攻楚，将灭楚行动推上了高潮。

王翦部队很快便攻下了平舆（今河南平舆）。这之后他并没有像李信一样继续深入，而是采取了谨慎的防御。王翦根据以往丰富的经验，深知楚国一直以来都具有坚强的战斗意志，何况在项燕大败李信从而让楚国重拾信心后，楚军的锐气更是旺盛，其昂扬的斗志令人难与其正面冲突。因此，在谨慎地进入楚地之后，王翦即令部队在商水（今河南东南部）、上蔡（今河南上蔡）、平舆一带地区构筑坚垒，进行固守，并下令部队不许出战。

王翦以坚壁自守、养精蓄锐的作战方针多次拒绝了楚军的挑战，任由楚军叫嚣，王翦也绝对不出兵。此时，王翦还在营中大力训练士兵，亲自关心士兵的生活起居、身体问题，以期凝聚军心，从而提高秦军的战斗力。久而久之，楚军求战不得，已经日渐松懈下来。项燕见王翦如此顽固，而自己的士兵军心也开始散漫，只好先领军东撤。

就在项燕领军撤退的时候，王翦立即抓住了这个时机，下令精兵向前追击。这时候，整个战场的气势已经有所转变，撤退的楚军士气低落，而进攻的秦军士气高涨。结果，王翦的军队顺利赶上了楚军，在蕲南（今安徽宿州东南）大败楚军，并斩杀了楚将项燕。看来，项燕再有能力，遇上王翦，也得心甘情愿地服输。

关于项燕的死，这是记载在《史记·白起王翦列传》里的说法。在《史记·秦始皇本纪》里，却说项燕是在楚国灭亡之后自杀而死，这两个说法显然矛盾。另外，在《史记·项羽本纪》里另有说项燕是被王翦所俘虏，如此看来，最大的可能性就是项燕先被俘，后在楚国灭亡之后才选择了自杀。历史记载本就模糊，这种小细节互相矛盾之处甚多，倒也无足挂齿。

在顺利斩杀项燕之后，王翦领兵直上，乘胜追击。一路上顺势攻下了很多楚国城邑，守城将士闻风而降，王翦很快便取得了楚国大量土地。这之后，王翦和蒙武率领秦军继续往楚国腹地打去，越打越深，很快便于秦王政二十三年（公元前223年）打到了楚都寿春（今安徽寿县西南），用秦国大旗团团围住了这座雄踞南方数百年的大城池。

项燕一死，楚王负刍便开始慌了。这时候楚国国内已经没有能和王翦相匹敌的大将，楚王负刍只能听着一座座城池陷落的噩耗陆续传到寿春城来，除此之外，他已经找不到任何对策来赶出嚣张跋扈的秦军了。而这时候，外面竟然传来了秦军攻城的叫嚣声，士兵的喊叫声和攻城器械的隆隆声像连续不断的闪电直击楚王负刍的脑门，将楚王负刍轰炸得体无完肤。面对王翦的大军，楚王负刍躲在寿春宫殿的角落里瑟瑟发抖。

寿春很快便陷落了，楚王负刍也从此结束了他作为最后一个楚王的生涯。楚国，这个以熊为氏的南方大国，在经历了一段辉煌之后，也无可避免地步入了毁灭。自此，楚国便成了楚郡，不久之后被分为九江郡、长河郡和会稽郡。

楚王负刍死后，其弟昌平君便在淮南（今安徽淮南）被拥立为楚王，企图以长江为屏障，在吴越之地延续着楚国的国祚。昌平君此举无异于代王嘉，不顺历史之大势，终成历史之敝屣。不久，王翦的大军便攻进了吴越之地，并顺利占领了这块疆域。

王翦再一次为秦王政立下了灭国大功，让秦国继三晋之后进一步吃下了楚国这块大饼，对此，秦王政别提有多兴奋了。而楚国的灭亡顺利地为秦国的统一之路去掉了一个最大的障碍，这之后，秦国的一统只不过是时间的问题罢了。

楚国走后，秦王政便立即下令秦军北上，将早已苟延残喘的燕国踹出这片土地。

躲到辽东也要打

秦王政二十年（公元前227年），秦廷里发生了"荆轲刺秦王"一事，这彻底激起了秦王政对燕国的怨恨。如果说之前兵临易水不过为恐吓燕国，那么这一次秦王政将下令军队渡过易水，给燕国来一次真实的巨大打击。

在以极大的愤怒杀死了荆轲之后，秦王政便做好回应这种嘲弄的准备。王翦和秦将辛胜奉命领兵讨伐燕国，带着秦王政的恨意，这支军队杀气腾腾，像一群凶神恶煞的魔鬼，浩浩荡荡地往易水进发。王翦的先锋李信领着大军来到了易水之西。他们的面前就是燕国的土地，这个胆敢将刀子伸到秦王政面前的国家，这个胆敢拿自己生命来开玩笑的国家，既然它都已经活得不耐烦了，那就让秦军这个强大的力量来送你一程吧！

在易水之西，李信的军队遇上了燕国派出抵挡的军队，两军遂在这条冰寒的河流旁对峙着。就在几个月前，几个稀疏的人影倒映在这条河的河面上，诀别的眼泪淌进水里，和着寒冷的狂风唱出一曲悲壮而凄凉的侠士之歌。现如今，这条河流两旁列满了士兵，其满腔热情抵消着易水的冰寒，一触即发的火焰正燃烧在这条诀别之河上。

易水之河是诀别之河，它在送走了荆轲之后，又一次送走了燕国千千万万的士兵。眼看着燕国的士兵们一个个崩倒下来，易水如母亲般温柔地将每一具寒冷的尸体拥入深深的怀抱之中。在抚慰过自己看守了多年的子民后，易水无奈地望着秦军嚣张地往北进发，将自己与燕国这个曾经的儿子划清了界限。易水被强拥进秦国的怀抱，燕国已经离它越来越远。

秦王政二十一年（公元前226年），在李信于易水大败燕军后，秦王政随即为这支北伐军队增加了兵力。王翦大军得到了补给，如虎添翼，攻势更猛，很快便尾随先锋李信而至。这群凶神恶煞的魔鬼轻而易举地穿梭在燕国的土地上。弱小的燕国无力抵挡，很快便被王翦大军追逼到都城蓟城（今北京城西南）了。

蓟城没有大梁的坚固，起码它从来没有让王翦感到如王贲面对大梁时的棘手。因此，不需要付出太多的力气，王翦便顺利地为秦国送去了攻破蓟城的捷报。蓟城破了，燕太子丹为他的行刺计划付出了巨大的代价，燕王喜便是有意指责也没有多大的意义了。没有办法，燕王喜只好和燕太子丹带着燕公室和大批臣子们将一整个燕国往北搬去，逃到了辽东（今辽宁辽阳）之地。

到了辽东后，燕国并没有因此就躲过一劫。秦王政令王翦必须领兵继续北上，将燕国彻底打垮。于是，李信在王翦的任命下，领着他的先锋部队直奔辽东而去。

李信领军逼迫甚急，令燕王喜惶恐不已。燕王喜已经想不到什么好方法来挡住李信的部队了，而当初那个捅了一个大娄子的燕太子丹也在衍水（今辽阳太子河）瑟瑟发抖。衍水的寒意由外及内，令燕王喜和燕太子丹感到一种锥心的凄凉，难道燕国的历史就此结束了吗？

在燕王喜无处可逃的时候，他的朋友赵公子嘉来见他了。赵公子嘉在赵国灭亡之后，便躲到了代城以代王的名号企图东山再起，在秦国进攻燕国的过程中，作为燕的联军而与之共同奋战着。代王嘉派人偷偷地对燕王喜传递了信息，即秦王政之所以会进攻燕国，完全是因为当初燕太子丹的刺杀行动，如果能将燕太子丹斩首以献秦国，那么必然消了秦王政的怒火，从而让秦军退兵。

燕王喜很显然是个毫无主见的君主，当初燕太子丹决定刺杀秦王政时，他也没表示任何异议，这时代王嘉又让他杀了燕太子丹来弥补上次的错误，他也就傻傻地认同了这种说法。结果，燕太子丹为他当初的莽撞付出了生命的代价——他被燕王喜派人杀死，并将头颅献给了秦王政。燕太子丹的行刺固然因冲动而缺乏时宜性，因而直接导致了秦国的入侵。但较之愚蠢的燕王喜，燕太子丹那执意挽救国家的冲劲还是令他的国人敬佩。因此，为了纪念这位爱国的太子，他死于近旁的这条河水，人们便将其改名为太子河。

燕王喜固然是愚蠢的，秦王政的统一之路并不会因为一个荆轲而中断，那么秦王政对燕国的攻伐自然也就不会因为一个燕太子丹而停止。事实证明了这一点，当燕太子丹的头颅送到了秦王政的面前时，李信的军队并没有因此就停止了进攻。

但是，在这个时候，秦国对于燕国的进攻确实有所缓和，但它绝不是因为一颗燕太子丹那毫无价值的头颅。对于秦国来说，躲到了辽东的燕国已经毫无抗拒之力，与其对其逼迫甚急，倒不如转回头先南下解决了楚国，以防这个当时除了秦国外最强盛的国家从后方实施突然袭击。最后，在这次回转中，秦国直接攻破魏国大梁这座孤城，并趁势南下灭亡了楚国。

楚国和魏国为可怜的燕国争取了一点残喘的时间，但燕国早就成了秦国的囊中之物，其覆灭已经是不可避免的结局。秦王政二十五年（公元前222年），在秦国大军灭掉南方强楚后，王贲便奉命北上伐燕，将燕王喜和代王嘉这些残余势力给清除殆尽。

燕太子丹死后，燕王喜真正成了孤家寡人。这个毫无主见的君主面对着这个惨淡的国家，再多的后悔与自责都不能为自己的罪责开脱。如果当初可以听从鞠武的建议，在合纵上面多花点心思，那么现在可能也不致这么落魄。至于在临危时还杀死了自己的儿子，燕王喜对此更是懊恼不已。

再多的反悔都是没有意义的，此时的王贲——这个令大梁这座光荣之城陷落的将领——已经渡过了易水，临近了太子河。不久之后，燕王喜便含着悔恨而无奈的泪水，望着曾经属于他的土地被秦王政划入了自己的疆域之中。渔阳郡、右北平郡、辽西郡及辽东郡等郡县的设立，从此取代了燕国这个名称。

燕国亡后，王贲转攻代郡，俘虏了代王嘉，彻底清除了赵国的残余势力。至此，秦王政真正报复了他的遇刺之仇。

燕国也走了，此时，六大国已经亡了五个国家，剩下一个齐国还在东方企图维持它东方大国的姿态。齐国的存在让秦王政看起来很碍眼，为了让整个大地的颜色全部涂上他强盛的秦国色彩，秦王政对于齐国发出了通缉令。

最后一伐没有放过你

因为齐国地处秦国的远方，故在秦国灭亡六国的过程中，它被排到了最后。也因为秦国在攻伐其他国家的时候采取了笼络齐国的战略，所以齐国在最后这段动乱的时代里竟然过上了一种相对安定的生活。而当时的齐王建对这种安稳的日子倒也挺欢迎的，因此，在秦国的军队如虎一般地侵蚀着其余五国的土地时，齐国竟然乐意地接受了秦国的笼络，对这些野蛮的行径采取了观望的态度。

这种观望的态度为齐国争取了一段太平生活，苏东坡由此认为齐国在六国纷扰的年月里能保持四十年的和平，不失为一项德政。但是，明代"前七子"之一的何景明有不同的看法，他认为齐国的这种安稳是以牺牲其余五国为代价的，若没有五国作为秦国的阻碍，齐国又哪儿能保持那么久的安定？

如果说在秦国进攻其余五国的时候，齐国作为一个中立国是幸福的，那么这种幸福在五国灭亡之后将转变为痛苦，给齐国一个巨大教训。

就在燕国灭亡之后，秦王政的敌人就只剩齐国一个了。秦王政的接连胜利早已证明，要让齐国灭亡不过是如探囊取物一般。因此，为了尽快完成统一大业，秦王政二十六年（公元前221年），秦王政派出刚在燕地取得巨大功绩的王贲挥戈南下，直取齐都临淄（今山东临淄）。临淄，这个屹立在东方大地上千年的古都，即将面临怎样的命运呢？

在安详中沉寂了几十年的齐国，面临王贲大军的压境，已经失去了任何抵挡的力量。这个曾经霸据一方的雄狮，此时却如襁褓中刚醒的婴孩，完全不知道该如何去应对突然性的袭击。齐王建的随遇而安，以及后胜对于秦国的偏向，都决定了秦国在收下这个国家时丝毫不用费一兵一卒。王贲大军直下临淄,还未摆好攻城的阵势,齐王建便亲自打开了城门,将这座可媲美咸阳的东方古都,拱手送给了秦王政。

至此,秦国终于走完了它削平群雄、统一六国的最后一程。而在其中值得注意的是,这支历来被称之为"暴军"的虎狼之师在攻伐六国的后期,竟然从未有屠城之事发生。看来,秦王政以及他的将领们对于统一的最终胜利付出了难得的克制与谨慎。

当临淄城投降的消息传到咸阳的时候,这座最后成了最大赢家的城池发出了惊天动地的喝彩声。云彩飘过咸阳的上空,为这座激动的城池罩上了一层仙境般的梦幻帷幕。在宫殿里,秦王政平静地坐着,内心却不断翻滚着汹涌波涛。所有的大臣都在祝贺着眼前这个做出了无人可匹敌的伟大功绩的君主,这些功绩衬托着他的神圣和威严,让他看起来仿佛远古的三皇五帝,令人既心生敬佩又望而却步。

秦王政也明白自己的功绩,先祖和这几个国家争强了数百年,而到了自己这一代竟然彻底实现了每一位秦人的梦想。秦王政在秦国的历史上缔造了最大的辉煌,虽然他明白这一半得归功于那些为此而奋斗的先祖,但他还是无法虚心地抑制住对于自己功绩的得意和骄傲。

历史走到了这里,秦王政在咸阳宫里准备着他的一系列一统措施,而这时候,那六个曾经在大地上互相争夺的国家全都到另一个世界相聚去了。当这六个国家聚到一起的时候,他们是否会聊一聊为什么秦王政能将他们一一击破?他们是否会谈起之前合纵的辉煌,然后为这种辉煌不再而感到叹息?而当聊到合纵的时候,他们又是否会想到一点,即因为他们彼此间不再团结,从而给了秦国一个各个击破的机会?

所谓"灭六国者,六国也,非秦也"(《阿房宫赋》),这句话并非在否定秦王政的功绩,只是在对于六国的灭亡上,杜牧倾向于从六国内部寻找原因。杜牧的话有五分道理,六国的灭亡其中有一半是因为秦国的实力和计谋,无论是秦王政自己,还是李斯、尉缭、王翦、王贲、李信和内史腾等一批大臣,他们的努力都保障了这种统一的顺利进行。此外,还有另一半便是六国自身的原因。其一,六国之间无法团结，导致秦国对于合纵的瓦解有机可乘；其二，六国的君主大多昏庸无能，远忠臣而近佞官。单单这两个缘由便足以解释六国相继灭亡的原因，无论是各国之间，抑或是国内，难以形成同一战线，必然令敌人乘虚而入。

无论六国在神灵面前为自己的错误如何进行忏悔，他们都改变不了秦王政的军队遍及天下的事实。从此之后，中国大地已经没有战国的故事，他换了一个名字，叫作秦朝。

终于统一了

秦王政二十六年（公元前221年），在齐国灭亡之后，秦王政终于实现了他的一统梦想。十几年的奋斗，终于迎来了它变成现实的一天，秦王政和李斯等一班大臣们对此别说有多激动了。此时，咸阳宫里喜气腾腾，上方的云彩如两条巨龙在为之旋舞，和着宫殿里面那升腾而起的音乐，向整个大地发出了咸阳为帝的贺词。

所谓"帝"者，在战国的时代里并不盛兴，当时仅有秦国和齐国曾经一度称帝，但也没有作为一种传统流传下来。在春秋战国时期，基本都是以"君"或"王"来称呼当时的诸侯们。这时候，自认为功高盖天地的秦王政绝对不愿意让自己和六国君王平起平坐，毕竟，这些都是自己的手下败将！因此，秦王政在将整个大地拥入他的怀抱之后，便觉得必须给自己一个合适的头衔，以区分春秋战国的诸侯君主们，正如他所言："今名号不更，无以称成功，传后世。"所谓"皇帝"之名就是在这个时候被提出来的。

当时接到秦王政寻找称号的命令时，所有的大臣都绞尽脑汁，为求一个能彰显秦王政那伟大功绩的字眼。为此，丞相王绾、御史大夫冯劫以及李斯等大臣便聚在一起商议了起来。他们认为秦王政"兴义兵，诛残贼，平定天下"，其功绩不仅仅胜过以往任何一个秦国君主，而且是"自上古以来未尝有，五帝所不及"。为此，他们援引了古代三皇的尊称，所谓"古有天皇，有地皇，有人皇，人皇最贵"，人皇即泰皇,因此他们便建议秦王政以"泰皇"作为称号。

但是,秦王政对此并不是很满意,既然"泰皇"古时就有人用过,那他再用这个称呼有什么意义呢?这样一来,怎么能将自己那难以形容的功绩区别于他人呢?因此,秦王政弃用了"泰皇"的建议,但是他保留了一个"皇"字,然后自己在后面加了一个"帝"字,这样"皇帝"一词便出现了。而秦王政作为中国历史上的第一个皇帝,他毫不谦虚地将自己称为"始皇帝"。自此,秦王政的称呼到此结束,他换了一个名字,人们都称他"秦始皇"。

又"皇"又"帝",秦始皇的雄心和傲气昭然若揭。在他的心里,单是一个"皇"字,或者单是一个"帝"字,都难以匹配自己所缔造出的伟业。秦始皇认为,自己已然"德兼三皇,功过五帝",那么除了"皇帝"一词,还能有什么字眼可以用来夸耀自己呢?

"皇帝"一词的出现,绝对不单单意味着对统治者称呼的改变。"皇"和"帝"在古代都是人们对于自己无比敬重的天神人物的尊称,在这种敬重下,人们愿意服从在他们的权威之下。因此,当秦始皇提出"皇帝"一词的时候,早已经表明了他那至高无上的地位和权威是上天所给予的,"君权神授"的思想在周王朝以来得到第一次的巩固。

除此之外,秦始皇还取消了谥号,他认为臣子对君主的议论是不符合礼数的,偏执的他也不愿意在自己死后让一群臣子来对自己的生前指指点点。同时,秦始皇还霸占了"朕"这个字。"朕"的意思是"我",过去老百姓均可使用,这时秦始皇决定将其收为己用,"朕"这个字的地位从此提高了,成了古代中国皇帝的自称。至于"制"和"诏"专指皇帝命令、"玺"专指皇帝的大印等,这些都用一种独占的个性化定制区分了皇帝和普通百姓,一起为秦始皇的"君权神授"提供着力量。

"君权神授",其目的无疑是为了借天的权威来巩固自己的统治。从精神上来说,这是一个很好的方法。但是,想要稳住辛苦开创出来的大业,单靠几个名词所形成的力量显然是不够的。为此,秦始皇和他的大臣们为了让中国大地永远姓秦，他们便开始了一些更加实际的操作。

在中央机构的设立上，秦始皇吸取了战国时期设置官职的具体经验，建立了一套相当完整的中央集权制度和政权机构。中央有丞相、太尉、御史大夫三大官，这之后是分管具体政务的诸卿。在政事的处理上，由三大官和诸卿议论，最后由皇帝做决断。除此之外，如典属国也是一个很有意义的职位，专门负责少数民族的事务。

这一整套政权机构的建立加强了秦朝中央的统治力量，在效仿旧制基础上进行创新，在施政方面更行之有效，因此而成了后来历代王朝所仿效的对象。如汉朝的三公九卿制，基本上就是照搬秦制的做法。

这是在中央机构上的改革，至于在地方政权上，秦始皇也必须花费一点心思。自古以来，分封制便盛行大地。所谓"分封"，是指由共主或中央王朝给王室成员、贵族和功臣分封领地，是宗法制在政治范畴的表现。分封制确立了中央王朝的权威，曾经为国家政权的严密性提供了很大的帮助。但分封制有一个致命的缺点，即各分封诸侯在其国内享有很大的独立性。因此，当各诸侯国逐渐强盛之后，那种为中央服务的义务便有所变质，由此而成了政治动荡的根源。

因为分封制存在的缺陷，李斯便在当时上书秦始皇，希望秦始皇能改分封制为郡县制。所谓郡县制，即是以郡统县的两级地方行政制度。郡县制并非李斯的首创，早在土地私有制的发展时期，郡县制便应运而生了。郡县制取消了地方官员的世袭，由君主直接任命，这种性质注定了郡县长官难以在地方培植自己的势力，也便于中央对地方的考察与监视，从而对于中央集权起到了很大的作用。这也是李斯提出郡县制的原因。

当时，以丞相王绾为代表的一部分大臣采取了不同于李斯的看法，他们提议秦始皇要继续采用分封。王绾的提议明显是不符合历史走向的，在一个加固中央权力的关键时期，郡县制所能起到的作用远比分封制大，何况分封制对于中央集权还有一定的负面作用。最后，在两相权衡之下，明理的秦始皇选择了郡县制，毕竟，地方官员若叫作郡守，总比叫作某某王更令秦始皇感到满意和放心。此外，县下有乡，乡下有里，这些基层机构都由地方官员直接管理。

郡县制因其对于中央集权的有效作用，也因此成了历代王朝在地方管理制度上所仿效的先例。

在文化以及日常生活习惯上，李斯也为了统一做了大量的工作。书同文、度同制、行同伦和车同轨等都是很重要的改革。书同文即统一文字。当时七国并立，地方文化各异，文字也因此而不同，这在管理上无疑会形成一个巨大的障碍。为此，李斯这位大书法家，以战国时期秦人通用的大篆作为基础，然后吸取了齐鲁等地通行的蝌蚪文笔画简省的优点，独创出一种形体匀圆齐整、笔画简略的新文字，称为"秦篆"，又称"小篆"。而后，在李斯的提议下，秦始皇下令将小篆作为官方规范文字，并废除其他异体字。而度同制、行同伦和车同轨的意义和书同文大致相当，度同制是统一度量衡，行同伦是建立起统一的伦理道德和行为规范，车同轨是统一道路并使之标准化。

这些在文化和生活习惯上的统一为中央管理清除了大量因差异而引起的障碍，使中央的管理更加行之有效，同时也在统一文化的基础上凝聚了群众的心，为中央集权的巩固作出了很大的贡献。此外，关于货币政策的改革也在经济范畴上为中央管理提供了有效的帮助。

秦始皇统一后的所有措施，其目的一来为彰显自己的伟大功绩，二来也企图以一种行之有效的政策来加强中央的权威，从而服务于中央集权。这些措施因其所具有的实效，因此在以后的每个朝代里基本都存在着它们的影子。而秦制也因此开创了中国古代政体的整体样貌，这之后，每个朝代只是在这上面进行了一些修改，从而在皇权的巩固上更上一步，而它的基本模板都出自秦朝。

秦始皇缔造出了不朽的千古伟业，在中华五千年的伟人历史上找到了专属于他的座位。当然，秦始皇的时代也并不仅仅是专属于他一个人的时代。在这个时代里，所有辅佐秦始皇的臣民都被记上了一份功绩，而李斯无疑是这里面最为出色的一个。因为李斯的功劳，之后他能坐上丞相之位也是在理。

中国大地上的第一个大帝国在这时候向整个世界宣告了它的存在，这之后，中国的主角再也不是多个国家，而是专属于秦始皇以及臣民的大秦帝国！

赵高的计谋

秦始皇三十七年（公元前210年），始皇死在了他的第五次东巡路上。按照秦始皇的意思，他已经在继承人的空格上写上了长子扶苏的名字。但是，秦始皇永远也不会知道，他的遗诏最后竟然成了一封废纸，而扶苏也没有当上自己的继承人。这个生前威风一世的帝王，他永远也不会知道自己的控制力竟然随着自己的死亡而消散得如此之快。

当然，对于控制力的丧失已经足以令地下有知的秦始皇感到痛苦，但是，如果他知道了挑战自己控制力的那个人竟然是自己所宠信的赵高时，他又该做何反应呢？不管秦始皇在地下多么着急，他都必须承认，在他死后，秦朝已经进入了赵高的时代。

赵高这人在秦始皇时候虽然地位不高，但论起族谱，他的来头还是不小的。他本是秦国的某位国君之后，他的父亲是秦王的一个远房本家，后因为犯罪被施刑，其母亲受牵连沦为奴婢，因为如此，赵高弟兄遂数人世世卑贱。所以这样说起来，赵高和秦始皇还有点远亲关系，虽然这远亲确实有点远。

到了秦始皇这时候，赵高的身份已经沦为一个宦官。根据《张家山汉墓竹简》，所谓"宦"，就是在宫中内廷任职的意思。宦人，就是任职于宫内之人，相当于王或者皇帝的亲近侍卫之臣。所以，赵高其实不是一个阉人，而可能只是秦始皇的一个近侍。至于后人将赵高认为阉人，可能是对"宦"的误解，然后又以讹传讹的原因。当然，赵高有没有接受过宫刑并不重要，因为这并不能阻挡他成为秦朝灭亡的罪人之一。

赵高自小便聪明，又刻苦学习，写得一手好字，因此被秦始皇提拔为中车府令，掌皇帝车舆，除此之外，秦始皇还让他教自己的小儿子胡亥学习。赵高在伺候秦始皇和胡亥的时候善于察言观色，小心翼翼地服侍着这两位主子，因此被秦始皇称赞为"敏于事"，而秦始皇也因此对这位和自己同先祖的亲戚感到越来越亲密。有一次，赵高犯下重罪，正准备接受法律的制裁，后来秦始皇竟然为此出面，赦免了他并复其原职，由此便不难看出秦始皇对于赵高的偏爱。

可是这种偏爱发展到最后竟然成了滋生赵高阴谋的罪魁祸首。凭着秦始皇的偏爱，赵高似乎越来越放肆，胆子和野心都渐渐地大了起来，此时的赵高已经不满足于当一个内侍了，他想要掌控整个朝廷。于是，赵高一直都在等待着时机。而秦始皇的去世，就是赵高夺权的最好时机。

秦始皇在临终前唤来赵高，要他按照自己的意思写下遗诏。赵高看到遗诏里的内容，便明白了继承人的位置将要由扶苏来坐。这个消息对于赵高夺取权力是不利的，因为如果是扶苏继承皇位，那么朝廷的大权必然归到扶苏的老师蒙恬手上。而赵高向来和蒙氏不合，因此赵高对此有点担心。

对此，老奸巨猾的赵高很快便想到了一个巨大的阴谋。他想要私自扣下遗诏，等秦始皇死后再自己改写遗诏，令秦始皇的小儿子胡亥即皇帝位。要知道，赵高是胡亥的师傅，胡亥如果即位，赵高的权力自然也会随着增大。除此之外，赵高之所以选择胡亥，还因为胡亥此人是个纯粹的纨绔子弟。

胡亥是秦始皇的小儿子，深得秦始皇喜爱。但性格顽劣，毫无扶苏的大气。有一次，秦始皇设宴邀请大臣，让众多儿子们也参加。胡亥不愿和这群臣子们循规蹈矩地坐着饮酒聊天，于是便早早地告辞，退了出去。退出后的胡亥看见了殿门外摆放着一排整齐的鞋子，这些都是臣子们入殿时脱下的。此时无聊的胡亥便开始了他的恶作剧，他用脚将这些鞋子踢得横七竖八,然后心里窃喜地扬长而去。

　　胡亥便是这样子的人,秦始皇对此比谁都清楚,因此虽然他疼爱这个小儿子,但他可不会傻到将一个国家拿给他去玩。赵高也很清楚胡亥的性格,这样的人在赵高眼里成了一个最好利用的工具。如果胡亥即位,慵懒好玩的他必然将治理朝政这种麻烦事交给赵高这位师傅,而到了那时候,赵高也就自然而然地接过了掌控朝廷的权力。因此,赵高最后便选择了胡亥来参与自己的阴谋。

　　在赵高扣下秦始皇遗诏的不久后,秦始皇便归西了。秦始皇死亡的消息只有几个宠臣知道。当时李斯得知时,立即凭着自己多年的从政经验,决定按下消息不发,因为他怕此时身在宫外,秦始皇死亡的消息若昭示天下,那么很可能引发诸子争权,甚至天下大乱。因此李斯假装秦始皇还活着,每天都照常令人为其送水送饭。李斯努力防备着诸子争权,却不知道赵高此时已经开始实行他的阴谋了。

　　赵高此人虽有阴谋,但他毕竟地位不高,难以凭借自己的话令众人信服,为此,他决定找来李斯参与自己的阴谋。可是李斯愿意吗?赵高对此很有把握,因为他早已抓住了李斯的弱点。赵高知道李斯这人时刻都在担忧着自己的未来,生怕一不小心这种丞相的权力便化为泡影。因此,赵高决定从这方面下手,逼李斯就范。

　　于是,赵高来找李斯,向他直截了当地说出了自己的阴谋。李斯一开始大惊,直斥赵高大逆不道。但很快地,当赵高一说出扶苏即位后的利害关系时,李斯便无言以对了。原来,李斯也在顾忌着,当扶苏即位后,丞相之职是否会落到蒙恬的手里呢?李斯为此心乱如麻,他想起了当年韩非的下场,心里不寒而栗。最后,在保住自己地位的私欲下,李斯向赵高投降,从而逼得自己走上了这条不归路。

　　这时候,赵高、李斯和胡亥三个人站到了一起,一场惊天大阴谋即将上演了。

　　赵高和李斯同谋,先假托始皇之命,立胡亥为太子;又另外炮制了一份诏书送往上郡,以"不忠不孝"的罪名赐扶苏与蒙恬自裁。

这封假诏书来到了上郡，扶苏见此，立即失声痛哭。扶苏为父亲而哭，心疼父亲竟然是在颠簸的东巡路上而死的，而去世的时候自己竟然又没见上他一面。扶苏也为自己而哭，没想到自己奋战多年，一心想要让父亲认同自己，结果却还是换来了父亲的质疑。哭得肝胆俱裂的扶苏立即转身返回营中，准备按照父亲的意思，拔剑自杀。

这时候身边的蒙恬立即赶来劝谏。蒙恬认为这封诏书可能有假，希望扶苏能冷静一点，待调查清楚后再行定夺。但是，一向仁孝的扶苏已经听不进蒙恬的话了，他认为君要臣死，臣就不得不死，父要子亡，子也不得不亡。于是，不顾蒙恬再如何阻挡，扶苏都坚定了死亡的心。最后，在万念俱灰之下，扶苏毅然决然地挥剑自杀了。

从扶苏的自杀可以看出，秦始皇当初对这个儿子的个性的了解还是靠谱的。毕竟知子莫若父，到关键的时候，扶苏身上那种性格上的迂腐暗弱还是显露了出来。

扶苏死了，赵高最大的障碍已经除掉了，于是，赵高和李斯便立即下令车队加速赶回咸阳，准备扶立胡亥即位。在赶回咸阳途中，秦始皇的尸体已经发出了恶臭味。为了掩人耳目，赵高和李斯便命人买来大批鲍鱼，令载送鲍鱼的车和秦始皇的车并列同行，希望以此来掩盖秦始皇的尸臭味。

就这样，在鲍鱼味道的掩盖下，秦始皇的死总算没被人发现。这之后，东巡的队伍照常浩浩荡荡地往咸阳走着，没有人知道在这之中发生了多么大变故。赵高和李斯就像两个魔术师，暗箱操作的能力令人钦佩。

在队伍回到咸阳的时候，李斯立即向天下昭告了秦始皇的死讯。在举行隆重的葬礼之后，便是胡亥的即位了。胡亥在赵高和李斯的帮助下即位为皇帝，是为秦二世。李斯继续着他的丞相之职，而赵高则一举升至郎中令，因其和胡亥的关系而成了胡亥最亲信的决策者。

这之后，因为胡亥不喜亲政，秦国的朝政因此全然掌控在赵高的手中了。

第三章

大秦覆灭：鼓角争鸣葬旧人

大泽乡起义

秦二世元年（公元前209年）秋，大泽乡（今安徽宿州东南）这块地方刚吹进了一阵阴凉的寒风。风吹雨现，不多时大泽乡便淅淅沥沥地下起小雨。雨越下越大，很快便填满了大泽乡往东北方面的道路。大雨封了大泽乡的出口，却掀起了一群队伍的怒火。

这群队伍原来是被阳城（今河南登封东南）地方政府派往渔阳（今北京密云西南）进行屯守工作的民兵。这群民兵大概有900人左右，由两个人带领。这两个带领者个头儿颇大，身体健壮，又机敏过人，因此得以担负起这个重任。但是，在授命的时候，阳城官府万万想不到，就是因为这两个带领者身上具有这些优点，这一次的任命竟然成了纵虎归山的导火索。

这两个人一个叫作陈胜，字涉，阳城（今河南登封东南）人。一个叫作吴广，字叔，阳夏（今河南太康）人。虽然两人皆出身低下，但心存远大的抱负，在他们的心里，总是对成功的曙光抱持着积极的盼望。其实支持他们两人理想的动力并非来自幻想，而是出于一种对时局的敏锐感。在他们两人心中，暴秦已经走到了尽头，接下去的时代将重回群雄逐鹿的战国时期。这个背景无疑为他们提供了一个机会，让他们看到了实现心中抱负的曙光。

历史对于吴广举事前的记载较少，但关于陈胜则传下了一些故事，从这些故事中,陈胜胸怀大志的乐观态度显露无遗。《史记》里记载,陈胜年少时为人雇用,帮人耕种。这种雇农出身的人在当时的封建体系中自然是处于低层次的阶级。有一次,陈胜在和同事们闲聊,聊聊人生,聊聊理想,当聊到兴奋的时候,陈胜忽然对人群说:"苟富贵,勿相忘。"我们谁中间以后要是有人富贵了,一定不能忘记现在这些一起同甘共苦的朋友啊。

陈胜满怀热情地说了这句话,却被朋友们泼了一盆冷水。他们都认为陈胜是在开玩笑,人群中有人就直截了当地回他:"若为庸耕,何富贵也?"都是一辈子帮人耕种的人,还想谈什么富贵?这句如此现实主义的语言戳破了陈胜那理想主义的心,此时,他仿佛将心扔到了大海之中,既感到冰凉又感到无措。但是,在一阵调整之后,陈胜又捡回了他的心,将其放在了温暖的阳光下。在阳光的照射下,陈胜感觉自己变成了一只天鹅,正翱翔在广阔的天空,俯视着底下辛劳耕种的农夫们。他对着自己喃喃而言:"嗟乎,燕雀安知鸿鹄之志哉!"(《史记·陈涉世家》)

陈胜的这句自说自话没有引起周围人群的注意,却从此回荡在历史的空气中,几千年来为人们所津津乐道,也给了那些有梦想的年轻人一个充满力度的言论支持。

如果陈胜说了这样一句话,然后他便躺在床上幻想,那只能使得这句豪言壮志沦为一句令人耻笑的空言,也不会有人愿意拿这句话来激励自己。在陈胜的心里,他不是只有想想而已,他很愿意去做。

当然,虽说周围的人可能觉得这是一个借口——机会未到,但是这其实是一个很关键的问题。就陈胜这个阶级的人,在当时等级森严的时代里,想要找到一个出头的机会那是很渺茫的。因此虽然陈胜有心,但政府不给力也是没用的。幸运的是,秦朝的政府虽然没有给陈胜这样的人提供一个表达自我的舞台,但以秦朝的暴政为代表的背景,却为陈胜等人建起了一架阶梯。

当陈胜和吴广带领着一群民工走到大泽乡时,因多日连雨,大泽乡通往渔阳的道路已经不能走了。如果等到水退去以后再行走,那么这次的行动必然耽误,这队伍里的900人都将受到惩罚。当陈胜和吴广考虑到这点的时候,很快地,他们立刻将思路移到了另一个处——这是一个实现抱负的机会。

早在陈胜和吴广认识的当下,两人便因心中怀着同样的理想而惺惺相惜。这次,水淹大泽乡忽然点亮了他们两人的眼睛:自己苦苦等待的机会就在眼前,此次再不把握,更待何时?

他们两人明白,如果无法及时到达渔阳,那么队伍必然受到惩罚,而按照秦律所规定的,这种惩罚不是小打小闹,而是要斩头的!如果将这些话告知给队伍里的900人,他们必然恐慌。求生的意识将会激发这些人的潜力,使得他们每个人都会坚定一个信念:与其一死,不如与暴秦来个鱼死网破。这时候,身为屯长的陈胜和吴广编收了一批敢死之师——这是起义的第一笔资本。

当然,陈胜和吴广已经有了这样的决定,但虽然他们身为屯长,难道这群人就要听他们的话吗?如何凝聚众人的心,使众人相信依靠陈胜和吴广是有望的,这才是两人此时最应该认真对待的事。为了解决这个问题,陈胜和吴广便去找了占卜师来帮忙。

占卜师的占卜结果是这样的:"足下事皆成,有功。然足下卜之鬼乎!"这句话的意思是说,陈胜他们举事能成,但没有问过鬼神。这是多么激动人心的回答啊!举事能成,振奋人心,而后面一句话更直接提供了陈胜一个拉拢众人的思路——以鬼神之道来威慑众人,使其信服。

陈胜和吴广受到了占卜的提醒,决定利用当时群众的迷信心理,来为自己树立一个天降大任的救世主形象。为此,他们立即将这个想法付诸实施。

首先,他们两人用朱砂在一块手帕上写了"陈胜王"三字,然后将这块手帕提前塞到了渔夫捕到的大鱼肚子里面。很快的,这条大鱼便辗转到了一些民兵手里。当他们剖开鱼腹的时候,忽然从里面抽出了这张"丹书",看到上面赫赫写着"陈胜王"三个大字令他们感到震惊。他们不敢喧哗,只能私下在众人之间偷偷地传达着。

当这群民兵为这件事而感到讶异的时候,几天之后,在他们营地附近的一座寺庙旁忽然闪动起亮光。这亮光有火红的质地,在阴暗里一闪一闪的,可怕的是,它们飘浮在空中!当民兵看到这些亮光的时候,他们的第一反应就是鬼火。鬼火将这群健壮的汉子吓出了汗,不久之后,在寺庙的旁边忽然响起了一阵诡异的声音。民兵们仔细一听,听出了这是一只狐狸的声音,声音里隐隐约约夹杂着人的语言:"大楚兴,陈胜王。"

这天晚上发生的事比起鱼腹里出丹书更令民兵们感到惊异,其实这事也是陈胜和吴广的计谋,而那只狐狸正是吴广装的。当然,民兵们不知道这事,他们只知道,这两件异常的事都发出了一样的指引——陈胜王。因此,当这两件事叠加并重合在一起时,陈胜在他们心里的形象似乎已经全然成了救世主了。加之陈胜担任屯长的时候,他们两人对众人的态度谦和,对待下属热情和气。现在,有了这两个神的指引,陈胜自然而然地成了众人心中的"王"了。

到了这时候,陈胜和吴广的计谋已经生效了。这次成功拉拢众人之举表明了陈胜和吴广虽然没有一个好的出身,却也不乏出奇制胜的谋略。要知道,仅凭匹夫之勇,是没办法将这次起义做大的。计谋既然生效,接下去就是夺取实权了。那时有两个军官担任着押送这批队伍的任务,想要将900人掌控在手里,只有先搞定这两个军官。

为此,吴广趁着两个军官喝醉酒的时候,故意扬言逃跑,以激怒他们。果然,两个押送官见吴广有叛逃之举,立刻将其拿下,对吴广实行鞭打的重罚。那时候,陈胜和吴广在民兵们的心中已经有了很高的地位,因此众人看到吴广被打,都深感愤怒,遂集体作乱。两个军官没办法管住900人,在慌乱无措中被吴广和陈胜杀死了。这之后,在陈胜那一番激动人心的讲话下,尤其是那句震撼人心的"王侯将相,宁有种乎"使得众人热血翻滚。由此,陈胜和吴广有了他们的第一支军队。

对于暴秦的不满会聚了众人的力量,以陈胜为将军,吴广为都尉,这支900人的军队袒露出他们的右臂,诈以公子扶苏、楚将项燕之名,正式在大泽乡宣布了他们的起义!很快地,这支军队凭着过人的气势和满腔怒火一举拿下了大泽乡,紧接着又迅速攻下了蕲县县城(今安徽宿州南)。这次起义和随后的胜利激励了附近的百姓们,点燃了他们心中对于暴秦的怒火。于是,他们纷纷斩木为兵,揭竿为旗,积极响应起陈胜的起义。从此,中国历史上第一次大规模的农民起义,爆发了。

这时候,陈胜的大楚之名在秦国的国土上响彻云霄。这之后,很多人受到了陈胜的激励,也紧随着他的步伐,开始了他们推翻暴秦、争夺天下的路程。

项梁挑起革命重担

秦朝的暴政终于激起了群众的反抗,作为领头羊的陈胜已经在大地上发出了他响亮的喊声。这阵响彻云霄的喊声像一道亮丽的闪电,又像一阵轰隆的雷声,以一种暴风雨般的姿态唤醒了整个大地。秦朝的大地从此不再寂寞,秦朝,进入了一个摇摇欲坠的时代。

让陈胜喊醒的第一个重要人物便是项梁。这个项梁不是一般人,是曾经的楚国大将项燕的二儿子。便是如陈胜那样的小人物都有推翻秦朝的念头,何况一个名将之后?在当时,不说秦国暴政,就是它对于六国的灭亡都能引起多少六国名士后人的记恨。有如在博浪沙出奇招的张良,他作为六国的名士后人代表,表明了六国的后人对于秦国灭亡自己的国家始终是耿耿于怀的,因此,报仇与复国是他们反抗秦国的最终目标。

项梁作为项燕的后人,集国仇家仇于一身的他,必然也有张良的心态。而这次,陈胜更是以楚将项燕为名进行起义,因此,项梁觉得自己绝对不能置身事外。

当然，项梁虽是名将之后，但毕竟是亡国的名将。当年秦军大破项燕时，项燕兵败自杀，项梁也在楚国灭亡后，因杀人而流落到了会稽郡治所吴县（今江苏苏州）。流落之人，故国之后，当然难以在秦国担任官职，因此项梁并没有掌握什么实权。没有实权就难以行事，项梁是很明白这点的。因此为顺利举事，自己就必须夺取一支军队的统治权。

项梁虽然没有实权，在吴中之地却很有威望。当时吴中的贤人名士对于项梁都是很尊重的，每有丧事，一般是由项梁出面主办。因为这份威望，项梁和当时的会稽郡太守殷通便成了朋友。人脉打开了成功的道路，项梁想要掌握实权，就必须在殷通上面做做手脚——杀了殷通，夺取地方政权。

殷通对自己是信任的，而会稽郡管辖范围之广，也是一个很好的选择。就这样，项梁决定了目标，只差实际方案了。

项梁没有军队，以兵力夺取政权是无法实现的。他只能靠计谋。项梁能想到的计谋就是利用殷通对自己的信任，出其不意地杀了他。当然，这类刺杀的行动还是需要一个武力过人的勇士的，幸运的是，在项梁那里，不缺勇士。

这个勇士就是项梁的亲侄儿，项燕的孙子，名字叫作项籍，字羽。项羽父亲早逝，年少时便跟随叔父项梁流亡到吴县。项梁是名将之后，自然有名将后人该有的见识，因此他对于项羽的培养是很重视的。在项羽年轻时，项梁曾经教过他读书，但是对书本提不起兴趣的项羽一看书便打起了瞌睡。项梁无可奈何，只好转而教他武艺。只是项羽学了一段时间后，又再次对武艺失去了兴趣，不想继续学下去了。项羽的行为令项梁感到愤怒，恨铁不成钢的项梁大斥项羽这个不可教的孺子：毫无勤奋的品质，以后如何担当大事？面对叔父的责怪，项羽却没有感到羞愧。相反的，项羽理直气壮地回应了项梁："书足以记名姓而已。剑一人敌，不足学，学万人敌。"（《史记·项羽本纪》）

年少狂妄的项羽却也以他的歪理成功堵塞了项梁的嘴。项梁知道和年轻人讲道理讲不通，因为他们总会有一套理念来反对自己。因此，听了项羽这样说，项梁心想：好，你要学万人敌，我就教你万人敌。想要万人敌，就要学兵法，于是项梁便让项羽学习兵法。一开始，项羽确实对兵法显示出了很大的兴趣，并且认真地学了一段时间，只是很快地，一如以往，项羽便对兵法没了感觉，将它弃在一边。

面对项羽的年少轻狂，项梁也无可奈何了。虽然这个侄子身上有一份过人的气质，不过项梁还是希望他能稍微收敛点，否则只怕会成为未来失败的缘由。有一次，当秦始皇出巡的时候，项羽看着宏大的车马鸾驾，两排军装闪闪的护送士兵，一辆辆气势雄伟的马车。见到这个阵势，年少的项羽有些许羡慕，但轻狂的他没有表示出任何少年见到这种巨大场面时所应该有的惊讶，或许是他将这种惊讶压在了心里，故意以一种不屑的神情面对着它，然后，淡淡地说："彼可取而代也。"

我可以取代他！这句狂言一出，差点吓坏了在项羽旁边的项梁。项梁立即捂住项羽的嘴巴，警告他别乱说，这是关系到灭族的事的。项羽此举虽然让项梁再次看到了这个少年的狂妄，也因此让项梁多了一份担心。但是，侄儿的大气与高远的志向同时也令项梁感到欣慰，项家毕竟出了一个有魄力的后代啊。

这就是项梁的侄儿项羽，也是项梁心中的勇士，狂妄却有初生之犊的勇气。有勇士在手，事情也就成功了一半，这时，事态紧迫，项梁要坚决付诸行动了。

秦二世元年（公元前209年）九月，就在陈胜起义的两个月后，项梁来到了殷通的府中。在这里，殷通和项梁讨论起了陈胜起义的事。当时起义军的势力很大，有很多地方已经陆续追随陈胜而起，殷通明白局势，因此也正打算起兵反秦，并有意让项梁和另一个叫作桓楚的人担任军队统领。桓楚当时正出逃在外，项梁于是说："桓楚亡，人莫知其处，独籍知之耳。"于是殷通便令项梁唤来项羽，希望项羽能受命去寻回桓楚。

项梁心中一喜，心想，殷通已经进了自己的圈套，只要项羽这头猛虎一进入府中，你殷通逃都逃不了。因此，项梁立即唤来项羽。项羽面见殷通和项梁，假装听从项梁的命令。不一会儿，项梁便使了一个眼色，暗示项羽时候已经到了。于是，剑出鞘，一阵风过，项羽便以迅雷不及掩耳之势斩杀了殷通。

殷通还不知道发生了什么事，却早已身首分离。他的头被项梁提在手里，项梁的另一只手中拿着会稽郡太守的官印。项羽尾随在项梁之后，一见有反抗的部下便出剑斩杀。项羽武力高强，吴县府中没有可与之匹敌的对手。很快地，项羽的剑下便死了一百多个卫兵。项家完全控制了县府。

项梁杀了殷通夺取政权后，还必须争取地方豪强的支持。于是，项梁召集来了吴县地区的豪强官吏，向他们讲了起事反秦的道理，并将殷通讲成一个不明局势、反复无常的人，也是因为这样，自己才会杀了他。这些豪强官吏本就对身为项燕后代的项梁敬重几分，现如今见他旁边又站着一个猛虎一般的英雄，在敬重之外更有了几分畏惧。更何况秦国统治者确实暴虐无道，若能顺利推翻，还世间一个清正的环境，自然也是自己的大功一件。因此，对于项梁，没有任何人提出质疑，所以很轻松的，项梁理所当然地接过了吴中（即今上海、江苏南部及浙江嘉兴东北部）地区的统治权，有部属多名，领精兵八千。项梁自己当了会稽郡郡守，项羽成了项梁的副将，巡行属下各县。

项梁成了会稽郡郡守，便立即宣告开始抗秦行动。整个吴中地区也从此进入了警备对敌的状态，与此同时，项羽也开始了他的霸王之路。

项梁在吴中地区响应蕲县的陈胜，起义的声浪由此往东南扩大，延至沿海一带。很快地，在江苏的最北方也即将有一个重要人物揭竿而起。到了这时，起义愈演愈烈，已经囊括了现在整个安徽、浙江、上海、江苏地区，并以号召带动的强大力量持续地扩大着。

斩白蛇起义

几个村官押送着一群徒役正前往骊山而去。时已入冬,天色暗沉,寒风呼啸,这样的天气向这群徒役们展示了一个阴暗的前景——在骊山修陵至劳死。有如那一条蜿蜒千里的长城埋葬了无数劳工的灵魂,骊山之行必然再现悲剧。徒役们想到这里的时候,无一不感到毛骨悚然,难道自己注定葬身在这劳役之中?

苛刻的暴政已经失去了令群众服从的意义。面临着难逃一死的命运,这群徒役之中就有人决定对命运说不。既然要死,为何不逃?如果能顺利逃过修陵的重任,兴许还能过几年安乐的日子。于是,在刘邦押送这群徒役前往骊山的路上,其中陆陆续续有人逃掉。待到了芒砀山(今河南永城芒砀山)时,人群已经几乎逃光,所剩无几了。

刘邦望着队伍陆续减少,人又追不回来,只剩这几十个劳工,能修葺一座偌大的坟墓吗?心灰意冷的刘邦觉得继续押送下去也没什么意义,带着这几个人到了骊山,自己也要被论罪刑法,既然如此,倒不如给这群人做个人情,让他们解脱去吧。于是,刘邦在芒砀山停了下来,招呼剩下的这些人围过来一起饮酒。酒兴正酣,刘邦豪爽地对人群喊道:"公等皆去,吾亦从此逝矣!"说完便举起一杯酒一饮而尽。

众人见刘邦如此豪爽,无不深受感动,最后,在逃了一些人后,竟还有十几个壮丁自愿留下来追随刘邦。刘邦见这些人诚心归己,便和他们以兄弟相称,在逃亡的路上彼此之间相扶相助。

当天夜里,身上还有酒气的刘邦和一群兄弟走到了一条小路。小路昏暗,刘邦令一个人前去探寻道路。不一会儿,探路者回道,说前方有一条大蛇盘桓在路中,过不去。当时听到这话,众人皆惊,纷纷劝说刘邦转道。可是醉意正浓的刘邦毫无畏惧,他大喊:"壮士行,何畏!"便一个人挺直了腰杆,往大蛇盘睡的地方走去。众人怕刘邦出事,纷纷尾随在后。

走了不久,便见到了这条大蛇。这条大蛇身躯之大已然足以将整条道路给阻塞,虽然没有吓人的大动作,但它静卧在地,便足以威慑众人。可是刘邦竟然不现任何畏惧之色,只见他拔起腰间的剑,走上前,在众人还没从惊恐中缓过神来的时候,刘邦已然将大蛇斩成两半。

蛇就这样被刘邦杀死了,众人在一阵狂呼英勇之后,便继续往前赶路。有赶不上队伍的人在刘邦一群人之后赶到了蛇死的地方,忽然听到了一个老太婆的哭声。他们感到奇异,这种地方为何会有老人啼哭?便走过去询问。原来这个老太婆的儿子被人杀死了,故在此大哭。令这些人更感奇怪的是,当他们问起这个老太婆她的儿子是为什么被杀死的时候,老太婆竟然说起了一些很玄幻的话,说:"吾子,白帝子也,化为蛇,当道,今者赤帝子斩之,故哭。"

众人一听,感到奇怪,再回头一看,那条蛇正是白色的,莫非老太婆口中的赤帝之子指的竟是刘邦?他们想到这里,将信将疑地,又准备继续质问这位老太婆的时候,竟然发现她不在原地了。众人感到奇怪,不敢耽搁,急忙往前赶路。赶上了刘邦一群人的队伍后,他们便把在白蛇处所见所闻告诉了刘邦。刘邦一听,心中不免大喜。

这件事的记载是很玄妙的,当然,所谓赤帝之子不会是真实的,这个传说很可能出自刘邦自己的杜撰。其实,关于刘邦命中带贵的预言在很早就有了。那时刘邦还在当泗水亭长,有一天一个老人前来他家讨水喝,贤惠的吕雉便招待他饭食。一顿饱餐过后,这个老人很感谢吕雉,便对吕雉免费看相。结果,吕雉的面相竟然是大贵之相,而她的两个儿女将来也是富贵之人。吕雉当时不甚在意,觉得这只是这个老人家为报答自己而杜撰的预言罢了,因此微笑地对他表示谢意。这个老人便离开了。

待刘邦回到家的时候,吕雉对他说了老人的事,刘邦一兴奋,便立即前去追这个老人家。追上以后,刘邦问老人为何会觉得自己家人都是贵相,老人就对他说了:"乡者夫人儿子皆以君,君相贵不可言。"刘邦一听,非常高兴,拜谢老人而去。

关于这事是实是虚已经无所考察,也没有考察的意义。但是,它和白蛇之说都表明了一点：在那个即将爆发起义的时代里，刘邦也已经在开始酝酿他的覆秦计划了。

刘邦无处可逃，便直接在芒砀山间四处躲藏。据说，在这段逃亡时间里，吕雉和村人要寻找刘邦轻而易举。刘邦感到奇怪，便问妻子为什么总是能找到自己。吕雉对他说："季所居上常有云气，故从往常得季。"这话就是说刘邦顶上总会有一道奇特的云气。又是这么玄幻的回答，或许这些都是刘邦拉拢人心的计策，而后来，这些计策都实现了它的效用——越来越多的沛县年轻人都来追随刘邦了。

秦二世元年（公元前209年）七月，刘邦还躲藏在芒砀山间的时候，陈胜起义上演了，整个大地为之一动。到了九月，起义的喊声越来越大，这阵起义风吹到沛县，也即将在这个县里掀起一阵巨大的声响。

当时的沛县县令也想在沛县响应起义，便招来萧何、掾属曹参商讨事宜。这两人认为县令身为秦官，只怕不足以服众，最好能先召回那些逃亡在外面的人，从而收降人心。当时出逃在外面的人便包括刘邦，而刘邦底下更是有追随者数百人，因此县令便令刘邦的好友樊哙前去召回刘邦。

可是当樊哙和刘邦带着数百人回到沛县准备面见县令的时候，县令却后悔了。他害怕召刘邦回来是引狼入室，一旦控制不好，只怕自己的县令之权旁落他人之手。于是，县令紧关城门，不让刘邦等人进入。县城里，萧何和曹参力劝县令，却被县令怀疑为通敌，便有意将二人问罪。二人惧怕，便连夜翻出城墙，追随刘邦。

萧何深知争取群众的重要性，县令身为秦官，早就难以服众，此时又反复无常，将这群本地人拒之门外，已经失去群众的支持。而刘邦这人却相反，他在当地早有名气，此时手下又有上百跟随者，更兼最近关于刘邦是赤帝之子之类的传言很多，因此他要争取到群众的支持是完全有可能的。最后，萧何决定辅佐刘邦。

城门不开，刘邦只好将一封信件绑在箭上，射入城内。信件上对县里百姓们说了当今反秦时势已成定局，希望县里人杀了县令，重新选择首领，带领他们一起推翻暴秦，过上好日子。县里的百姓如同各个地方的百姓一样，早就对秦朝的暴政深感不满，当他们得到刘邦的信件时，立即集合起来冲入县令府衙，杀了县令，而后开了城门，迎回了刘邦。

刘邦一回县里，众人便拥立他为首领，希望他能带领县里的人闯出一片天地，让群众不再受暴秦的欺压。刘邦开始不敢领受，推却多次之后才只好接受众人的请求，领过了县令的地位。众人见刘邦接受，欢乐地大呼，将其拥入了府里的官椅上，纷纷称其沛公。就这样，刘邦领过了沛公这个称呼，在县府里举行了起义仪式。这支起义军祭祀了黄帝和蚩尤，然后用牲畜的血染红了旗帜和战鼓。瞬间，整个沛县一片血红，好像一条巨大的红蛇盘绕着整个县。从此，赤帝之子的名号从沛县这块小地方打响，震撼了整个秦国的土地，也改写了整个中国的历史。

刘邦在沛县正式起义，和陈胜、项梁遥相呼应，起义的声浪因此增强，秦朝面临着更大的危机。

牧羊人的春秋梦

后与章邯的交战中，项梁战死。整个起义局势似乎有了变化。章邯继破陈胜之后再破项梁，气焰之大令人畏惧。此时由他所带领的秦军保持着猛烈的攻势，正在为镇压起义而作出最后的努力。而项梁之死，高兴的并不仅仅是章邯而已，有另一个人最高兴，这个人便是楚怀王熊心。

若没有项梁的出现，熊心将一心一意管理着他手下的羊群。可是项梁的出现让这种隐士的情怀彻底消逝，对于权力物质的欲望再次燃放在熊心的心里。这种欲望在他被尊为楚王后更加猖獗，熊心已经做起了他的春秋大梦。

确实是春秋大梦，因为很快地，熊心便发现了这种尊王不过是一种形式，一种令自己成为项梁傀儡的形式。在自己手里，熊心感受不到任何权力,除了在生活起居上有一堆臣子听从自己之外,关于政治上的派遣,如果说自己还有一点号召力,那不过也是因为自己正在传达着项梁的意思。熊心已经成了项梁用来控制起义军的傀儡君王,虽然这里的生活比起他在草原上的生活还舒适百倍。但是,在当初项梁唤醒了他的欲望时,这种欲望就注定会走上他膨胀的生涯。

因为如此,熊心对于项梁的控制始终感到困扰,但项梁手握兵权,自己手下却没有任何兵力,就这点而言,熊心根本不敢对项梁叫板。结果,在项梁有生之年,熊心都只能默默地隐忍在他的暗中施压之下。而这时候,项梁竟然战死沙场了。这个轰动一时的消息如醍醐灌顶般敲醒了熊心的头脑,他似乎在此刻看到了一点希望,也明白了自己接下来该采取什么行动。恰逢其时,有一个人的出现,更加坚定了熊心对于从项氏手中夺回权力的决心。

这个人叫作宋义,是故楚的令尹。章邯在大破项梁前,宋义就认定了项梁此人必因骄傲而兵败,结果竟然被他言中了。后来项梁死后,有人便向熊心举荐了宋义。宋义的到来坚定了熊心的信心,我们无法确定在他们两人之间是否达成了某种共识,但宋义身为智谋之臣,他的归附大大增强了熊心的实力。在熊心发现他并不是一个人在孤军奋战的时候,他的反抗便也开始了。从此以后,宋义便当起了熊心的谋士,为他策划着夺回大权的方案。

正当熊心为夺回权力而苦思冥想的时候,章邯的大军却还继续着他的破竹之势。早在定陶大败项梁之前,章邯便领军进攻过魏王魏咎。这个魏咎是故魏公子,早先跟随陈胜,后陈胜大军攻下魏地时,便将其立为魏王。当时魏咎根本无法抵挡章邯的大军压境,便向齐王田儋求救。田儋是故齐田氏宗族,在当时于齐地响应陈胜起义,自立为齐王。田儋见魏国求救,便领兵前往。但最后,田儋和魏咎都兵败于劲头正猛的章邯。

魏咎、田儋以及之后的项梁一死,章邯便作出一个错误的决定。他认为陈胜部下在东南这一带作乱的名将们都死了,楚地已经不足为患,便决定渡过黄河,北上转战赵地。这是章邯的一个巨大错误。当时,项梁的死在楚地将领之中引起了一阵巨大的恐慌。当时正在陈留(今河南开封东南)攻城的项羽和刘邦为稳定军心、保卫怀王,特意移师东归,并请怀王北上迁都彭城(今江苏徐州)。与此同时,陈胜旧部吕臣也觉形势严峻,只好放弃陈县投奔怀王。从这几点看,便足以看出项梁的死给楚地带来的恐慌绝非一般。但章邯没看到那环绕在楚地之上的阴霾,从而作出了这一个错误的决定,就因为这个大意的决定,章邯错过了一举灭亡楚国的机会,结果白白送给了刘邦和项羽这两个楚国大将一个绝处逢生的机会。

　　章邯渡过黄河后,再次凭借着自己的出色军事才能击败了赵军,结果逼得赵王歇不得不带着部下逃入巨鹿城(今河北平乡)里,在里面用仅存的兵马防卫章邯的进攻。可是,章邯的兵力之强,赵王很快便支撑不住了,为此,赵王急忙令人传信到楚地,希望楚怀王能出兵援救。

　　在楚地为夺回掌控权而烦恼的熊心,此时忽然收到了赵王的救援信件。这封信件来得很适时,它好像给了熊心一个充分的理由,让熊心敢在本属于他的政权上放开手脚去干。就这样,这次的求援似乎是一个昭告,它昭告了楚地的百姓——在楚地,真正的代表人物还是楚怀王!

　　楚怀王的信心大增,在宋义的帮助下,他开始着手整顿楚国的政局,开始了他亲理楚国军政事务的活动。时间不长,楚怀王就以他的名义掌握了楚国的至高权力。至于有谁会拒绝承认这种威严,那是后话。

　　楚怀王一将权力拿到手中,便开始了他灭秦的总策划。楚怀王先将归属项梁部下的项羽和吕臣两支军队合并一处由自己直接统帅,然后提拔宋义为卿子冠军,确保了自己亲信对于兵权的掌控。而后,和各位将领作出一个著名的约定——"先破秦入咸阳者王之"。这个约定似乎用作激励和鼓动,在提升将领的积极性上确实起到了一定的作用，因为在当时，众人对这个约定还是很看重的。

紧随着，楚怀王作出了具体的部署。他命刘邦收集项梁、陈胜余部西行攻秦，然后由宋义为上将军亲率一路大军，统领项羽、范增等将军北上救赵。其实，当我们注意"咸阳之约"和怀王的具体出兵部属两者之间的关系时，我们便会发现一点——楚怀王偏向了刘邦。

为什么这么说，不难看出，既然先破秦入咸阳者可以王之，然后又令刘邦西进破秦，而将项羽控制在自己之下，将他拉到了北边，这难道不是摆明了助刘邦早项羽一步破秦吗？事实便是如此。在项羽和刘邦两人之间，怀王很自然会选择刘邦。关于这一点，历史上作出了这样的解说："项羽为人慓悍滑贼……独沛公素宽大长者，可遣。"(《史记·高祖本纪》)这是楚怀王的部将给怀王的建议，楚怀王认同了这点。结果，怀王和他的部将有共同的想法，派遣刘邦而不是项羽自然成了一个共识。

历史以性格来说事，当然，在某种程度上，项羽和刘邦的性格确实形成了一个鲜明的对比。而关于这两种截然不同的性格，历史显然选择了刘邦。因此，楚怀王对于项羽那近似残暴的性格保留着些许质疑也是理所当然的。但是，当我们联想到楚怀王在彼时的尴尬地位时，便可以看出这之中有更深的政治意义。

项羽作为项梁的直接接班人，无疑是项梁死后对于楚怀王来说最大的威胁。楚怀王想要顺利将政权从项家那里夺过来，第一个任务便是顺利地控制住项羽。因此，我们不难相信，楚怀王有偏离并压制项羽的想法。为此，楚怀王选择了亲近刘邦，企图在控制项羽的同时，培植刘邦作为支持自己的势力。至于为什么在众多将领中，选中的是刘邦而不是别人，我们有理由相信刘邦具有出众的独特魅力，这也是他的成功之道。

楚怀王的算盘打得很好，但这些伎俩难道就他和他的亲信看得懂？显然是不可能的。项羽的政治头脑不太灵光，故而不懂得楚怀王心里的鬼胎。但是，项羽旁边那满头白发、头脑睿智的老人并不是好骗的。很显然，范增绝对看出了楚怀王的计谋。但是，在当初他提议拥立楚怀王的时候，他就必须想到小鸟也会有翅膀硬的一天。果然，无论项羽和范增再如何请求与刘邦一同西进，楚怀王都坚决不同意。

局势已定，项羽只得乖乖认命，屈就在宋义之下，和他一起北上救赵。与此同时，刘邦带领他的大军往西边进发。这两支军队从这里开始了他们的竞争之路。

章邯跳槽

在项羽还没出现在章邯面前的时候，章邯可谓秦末的第一将军，过关斩将对他而言似乎已经成了家常便饭，章邯的威名无人不知。而章邯自己也很了解自己的地位，因此对于围攻巨鹿，章邯信心满满。在章邯的心里，将秦国失地收回囊中指日可待，而这重任必将落在自己的肩上。当然，在当时的秦国，这个重任也只能落在章邯的肩上。

可是，正如《三国演义》里周瑜死前的苦闷一样：既生瑜何生亮？章邯很快也要遇上和周瑜一样的尴尬。

项羽面对着章邯四十万大军，已然作出了拼死一搏的决定。但是，这种拼命不是一味地勇闯，项羽能成为一代名将，绝不仅仅是靠他的武力。在项羽出兵之前，他早已做好了万全的部属和准备。

项羽的进攻布置是根据章邯的攻城部署而决定的。当时，围攻巨鹿的是章邯手下的大将王离。王离是名将王翦的孙子、王贲的儿子，在秦末的镇压起义战争中也是秦国的重要人物。关于王离，有一个很有趣的故事。故事是这样的，在当时王离围攻巨鹿的消息传出以后，有人就议论开了。有人认为王离作为名将之后，围攻巨鹿必胜无疑。但是，有人对此提出了反对意见，认为一个家族兴不过三代，只因前人杀伐过多，必由后人来承担，而王离作为王家的第三代，必败无疑。这两人的议论当然不能作准，不过后者的猜测倒也真言中了，虽然其理由有点不靠谱。

再说章邯令王离围攻巨鹿，然后自己驻扎在巨鹿南方，一边令人筑起甬道为前线的王离输送军粮,一边也虎视着前线的变动,伺机而出。章邯和王离的军队就这样如两只巨钳牢牢地盯住猎物,令巨鹿这座城池如芒刺在背,危在旦夕。

但是,百密总有一疏,章邯和王离的两军大军各在一处,而其中间的甬道便是秦军的缺点。项羽看中了这点,因此他便将两军之间的甬道作为突破对象,以黑虎掏心的战略切断两军之间的联系,而后一一击破。项羽的战略是很好的,但是,现实总是比梦想还美好。这招黑虎掏心只能保证项羽多个大概百分之十的成功率,却不能给予项羽百分之百的信心。面对章邯的大军,项羽只能尽量去谋事,至于成不成事,那还要看天意了。

为突破秦军的甬道,项羽令大将英布和蒲将军各自带上自己的兵马渡河进攻。两人不负所望,很快便攻破了秦军的一部分甬道。这只是一场小胜利,但它证实了项羽的看法是正确的——秦军甬道虚弱。为此,项羽决定立即大举进攻,拿下秦军的整个甬道,控制住甬道,从而截断章邯和王离两军之间的联系。这样一来,在前线的王离军一缺粮,必不战自败。

但是,项羽此举是在冒险,因为当他决定将全军带过漳河时,就必须冒着全军溃败的危险。但是,项羽不愿继续等下来,谨慎一直不是他的作风,他宁愿更雷厉风行点。何况此时探知甬道虚弱,如果不趁机进攻,只怕错过千载难逢的时机。因此,项羽最后决定放手一搏,将整个军队的命运交给了上天,要么大胜,要么大败。

项羽带着所有的楚军渡过了漳河。在全部渡河之后,为了鼓舞士兵的士气,项羽在河边发表了即兴演讲。演讲铿锵有力,成功地激起了士兵们的战斗力。为保证这种战斗力更加持久,项羽作出了一个令人惊讶的举动——破釜沉舟。项羽将所有渡河的舟船都凿破了,舟船一条条沉入了河里,彻底断了楚军后退的道路。破釜沉舟之后,项羽向士兵们宣布了一个更加可怕的消息——楚军只带了三天的军粮!士兵们听到这个消息,脑子瞬间一片轰隆作响,刚才在心中燃放的战火瞬间窜上了脑子。他们都懂得项羽这两个举动意味着什么——要么赢，要么死！项羽的这种大无畏精神感染了在场的所有士兵，他们挥动着手中的长矛，"推翻暴秦"的喊声在漳河边上震天动地。

项羽这几近疯狂的作战姿态将楚军的整个战斗激情点燃到了最高点。这群背水一战的士兵别无选择，他们只能以百分之二百的精力去争取那低于百分之五十的胜率。项羽的目的确实达到了，他立即以他那特有的军事魅力，带领着这群浑身燥热的士兵们赶赴战场。秦军建筑的甬道在这一群疯狂强盗的进攻面前，已经到了命悬一线的危险境地。

章邯接到了项羽大军进攻甬道的消息，平时略显淡定的他也不能不露出慌张的神色了。甬道若破，前线的王离必然陷于联军的围攻之中。而王离若战败，秦军士气一消沉，只剩自己孤军奋战，恐难以挽回败局。因此，章邯决心要保住甬道，只要甬道保住，联军毫无胜利的希望。

章邯立即领军前往解救甬道。但是，或许面对项羽的几万大军，章邯还是有点小视。又或许因为有之前英布的例子，以至章邯认为这次的进攻也不过是搞搞小破坏。总之，章邯面对强敌项羽，却似乎没有足够重视。因此，他只是马虎地派出了军队，以为这样便能赶跑项羽的大军。可惜的是，章邯永远不知道项羽在进攻甬道前已然断了后路。结果，章邯的兵败毫无疑问。

这是秦军在围攻巨鹿以来的第一次大败。在大败之后，章邯立即重整军队，明白了该用敬畏的态度来对待这位称作项羽的敌将。可是，战争总是不留情的，像宋襄公那种仁义至腐的战争观只能贻笑大方，项羽绝对不是这样的人。在章邯兵败后，项羽丝毫不给秦军喘息的机会，立即领兵从后方抄袭了毫无准备的王离军队。王离军正一心一意地围攻着巨鹿，防备着潜藏在各个地方的诸侯军，却不知道在他的背后，一支军队如闪电一般击穿自己的背。在这突如其来的袭击里，王离做出了最后的挣扎，仍是大败于项羽之下。

王离的死解除了巨鹿之围的警报，但是，战争还没有结束。此时，章邯退据棘原，手中仍握有二十万大军。士气高涨的项羽希望能一举攻破章邯的军队，章邯的军队若败，秦国的灭亡便也指日可待了。可是，这时候忽然从楚国传来了一道命令，这道命令牵制了项羽前进的道路。

楚怀王见项羽大破王离，声望骤升，心里对其更添了几分畏惧。因此，楚怀王决定出手了，他不愿意看到项羽过得那么滋润。于是，楚怀王立即给项羽下令，令其立刻回师。项羽接到了这道命令，但是，他早就不将楚怀王放在眼里了，心想，回师是不可能的。不过，项羽也不愿将反抗楚怀王的命令表现得过于明显。因此，他虽不回师，也暂时放松了对章邯的进攻。就这样，项羽和章邯两军处于对峙中，而与此同时，项羽也利用了这段时间做着收买诸侯的一系列举动。

虽说在这接下来的时间里没有决战，但陆续的小战斗还是有的。此时，项羽已经掌控了战争的主动权，章邯只能被动地防守项羽的每一次进犯。虽然章邯很想重拾往日的军威，但在项羽的威势面前，这种努力似乎很难生效。结果，章邯被项羽慢慢拖着足足待了几个月——这没有消磨章邯的意志，却激起了秦二世的不满。

眼看章邯和项羽两军对峙，战事毫无进展，秦二世有点忍不住了。为此，他屡屡派人前往章邯军营中督促章邯出兵，并斥责章邯不能好好用兵，导致巨鹿大败。章邯被中央的持续"轰炸"惹得心烦意乱，只好派出部将司马欣回咸阳打探消息。哪知司马欣一到咸阳，却立即被赵高派人捉拿，最后司马欣从小路逃回。逃回后，司马欣便将咸阳所遇告诉了章邯，对章邯说："赵高用事于中，将军有功亦诛，无功亦诛。"章邯叹了口气，秦国有昏君佞臣，自己是否还有为其效命的必要？在无法取得进一步胜利的情况下，章邯已经有点迷茫了。就在这时候，赵国大将陈余给章邯写来了劝降信，章邯对此没有表态，心却明显开始动摇了。

项羽对此一览无遗。既然章邯动摇了，军心必然也会受到影响，项羽决定抓住机会，进攻章邯。于是，项羽命蒲将军迅速到漳南击破章邯军，而后由自己率领大军再败章邯。就这样，军心早已动摇的章邯军又连续遭受了几次大败。在这种情况下，章邯已经别无选择。最后，他带领着仅存的十二万大军投降了项羽，从此以后，秦国再没有一支军队能和起义军相抗衡了。

章邯的投降彻底震碎了整个大秦帝国的梦，作为一个信号，人们已经看到了在不远的将来，天下将不再姓秦了。

最后的清场

章邯的倒戈给了摇摇欲坠的秦国一个巨大的打击，而后秦二世和赵高的死，虽然为秦国铲除了两大祸害，却已经来不及根除秦国久年积聚下来的弊病。当秦三世子婴接过秦国的统治权时，深谙大势的他给自己的帝位降了一级，大秦帝国可怜到连一个名号都保不住了。

望着众叛亲离、山河破碎的局面，子婴唯一能做的也就是除掉赵高，除此之外，对于这个病入膏肓的国家，子婴实在想不出一个好的对策。他只能在焦躁和悲悯中度过他短暂的秦王生涯。在很多时候，他憎恨赵高，是因为赵高将自己拉上了这样一个尴尬的位置。子婴，在痛苦的挣扎中，基本放弃了秦国。

便是子婴愿意为了复兴秦国而付出巨大的努力，事实也会无情地告诉他，这种无济于事的举动是愚蠢的。因为就在子婴为了秦国的未来而惶惶不可终日的时候，在他东方的起义军仍然声势浩大，激情澎湃。虽然项羽的起义联军终因之前章邯在巨鹿的牵制而导致入咸阳破秦的日程一再拖延。但是，早在项羽忙于应付章邯大军以及楚怀王的时候，一支军队已经绕过了秦军主力直逼咸阳。

这支军队便是刘邦所统部队。

刘邦奉了楚怀王的命令，在项羽北上救赵的当儿便立即抓紧时间，西进破秦。刘邦在西进的过程中是幸运的，当时秦国的主力已被章邯和王离领到了巨鹿，因此刘邦的西进阻碍不大。更兼刘邦手下贤臣良将众多，有郦食其用计攻克陈留，又有陈恢以攻心策略兵不血刃地拿下宛城，之后更有张良成功抢夺绕关，于蓝田大败秦军。用人之道始终是刘邦引以为豪的能力，这点让他区别于秦朝的统治者和后来的项羽，是他可以在这场战争中站到最后的原因。

早在刘邦准备进攻武关之前，赵高便派出了一个使者前往刘邦营中，说是愿意和刘邦共分关中之地。要知道，武关之内便是关中，赵高早不给刘邦消息，非得到危难临头了才提出这种请求，对此，刘邦不屑一顾。赵高是阴险小人，别说刘邦怀疑这个约定的真诚性，便是赵高真有这份心意，刘邦也不会答应，毕竟当时起义军势力正大，刘邦不会傻到去勾结赵高而将自己置于两边不讨好的地位。而从赵高此举中也可清楚地看出，秦国在当时对待起义是充满慌乱和无力的。

在蓝田大败秦军后，秦军基本放弃了抵抗，刘邦便势如破竹地直驰于关中地区，很快地，他便抵达灞上。灞上正处于秦都咸阳东边不远处，此时，刘邦如虎狼一样占据灞上，两眼发射出灼热的光芒，对着咸阳露出了邪笑。

在咸阳里面的子婴一听到刘邦进驻灞上，如同一道闪电直击脑袋。终于来了，自己为此担忧了几十天的情况终于还是发生了。当面对着这个事实的时候，子婴虽然有一股难以表述的悲痛，却也隐隐约约感到了一种潜藏在心底的舒适感。当危难到头了，子婴反而不怕了。

感到痛苦却又释怀的子婴明白，咸阳内已经没有多少兵力可以让他拿来抵挡刘邦的大军了。与其做困兽之斗，倒不如做一个顺应局势的明白人。因此，在刘邦给子婴传来劝降的声音时，子婴选择了不抵抗。他以沉重的心情写下了一封回信，信中满载惆怅和无奈，最后以一声悠长的哀叹而结尾。

子婴在当了短短的四十六天秦王后，最终不得不面对让渡权力的结局。这天，子婴用绳子将自己绑缚了起来，坐上由白马驾驶的白色马车，身着死者葬礼所穿的白色装束，然后带着皇帝御用的玉玺和兵符，来到了刘邦军中，正式向刘邦请降。这次请降作为一件具有象征性意义的事件，它宣告了十五年的秦朝历史在这一刻正式完结。而刘邦的接手同样预示着，在秦朝结束了他辉煌的历史之后，另一个姓氏正在中国大地上重建起一份辉煌。

在刘邦的仁义和政治策略之下，子婴在秦国灭亡之后获得了一条活路。但是，历史对于这位可怜的君王不带任何悲悯。就在不久之后，当项羽的大军直入咸阳的时候，整个咸阳将在项羽的暴虐之下被破坏殆尽，而子婴的生命也将随着那被大火吞噬了的咸阳而消逝在茫茫的火海之中。

咸阳，这座代表着秦朝命运的城池，这座见证了秦朝兴衰的城池，在秦朝灭亡之后，终究逃不过同它一样的命运。在一片火海之中，咸阳的身影越来越稀薄，仿佛那祭拜中用来焚烧的纸房子，在一阵炙烤之后，最终化为灰烬，随风而逝。

秦朝从此消失在历史之中，曾经坐拥了整个天地的一代帝国，最终也逃不开轮回交替的命运。宿命论是落后的，在为秦朝的灭亡寻找理由时，与其将其怪罪于天，倒不如从秦国的自身以及当时的大环境里去找，只有这样，我们才可以找到更切实的证据。

关于秦朝的灭亡，很明显，他的直接原因是起义军的壮大。陈胜吴广的起义将秦朝的内部隐患直接搬上了台面，当这种起义的规模越来越大时，秦朝的反抗便也显得越来越无力，最后，秦朝灭亡在起义军之手也是理所当然。但是，若没有任何理由来支持一场起义，那么这场起义便是非正当的，非正当的起义是没办法唤醒群众的心，从而为自己增加追随者的。

秦朝，以它曾经的辉煌告诉了世界：在中国的大地上曾经有这么一批人，他们以顽强不懈的野性最终缔造出令人仰视的成就。秦朝，也以它巨大的影响力告诉了世界：这种毫无畏惧、奋力拼搏的野性从未在中国的大地上消逝，它根植在每一个秦后人的心中，以各种形式显现在当今的世界舞台上！